셀프케어 마음치유서

거북이 걸음, 토끼 마음

마음을 챙기며, 나만의 삶을 찾아가는 길

박희정 지음

내 인생의 주인도 내 마음의 주인도 "나"

휴앤스토리

＿

회복이란

＿

어느 날 문득 '내 삶의 의미는 무엇인가'라는 질문 하나가 나를 서글 프게 하였습니다. 결혼 후 20여 년 동안 아이 둘을 출산하고 양육하며 정신없이 살아와서 그랬을지도 모릅니다. 결혼 전에는 생각지도 못한 일 들이 내게 갑자기 극한 상황으로 몰아쳐서 저를 더 우울하고 공허감이 들게 하였습니다.

'신이 계시기는 하는 건가? 나에게 왜 이런 얼토당토않은 일들을 던져 주셨지?' '도대체 내가 뭘 그리 잘못했다고. 신이 나에게 원하는 게 뭐지?' 하는 생각에 억울하고 화가 나서 참을 수가 없었습니다.

내 맘속은 늘 전쟁터였고, 짜증과 화와 분노가 쌓여 마그마가 터지기 일보 직전의 하루하루를 보내야만 하였습니다. 늘 살얼음판을 걷는 것처럼 살았습니다. 하루하루 걱정과 근심이 더 많아졌고, 친구들과 단절되기 시작하였고, 시댁에서는 죄인으로 살기 시작하였습니다.

감히 상상도 못 한 일이 내게 갑자기 일어나다 보니, 그 상황을 참고 견디어 나가야 하지만 주체할 수 없는 설움으로 견디기가 너무 힘들었습니다. 친정에는 반대하는 결혼을 억지로 하다 보니, 나의 어려운 상황을 이야기하고 위로받기가 어려웠습니다. 그리고 자존심도 상해 말하기 싫었습니다. 저 혼자 감당하려니 지쳐만 갔습니다. 어느 날은 신에게 마구 울부짖으며 떼쓰는 아이처럼 따지며 펑펑 울어 보았지만, 나를 버렸는지 대답이 없어 더 외롭고 힘든 시간을 보내야만 하였습니다.

마음속에서는 틈만 나면 억울함이 북받쳤는지 '부모님 말씀도 잘 듣고 성실히 참 열심히 살았는데, 어찌 이런 일이 나에게 일어날 수가 있어.'라는 생각이 떠나지를 않았습니다.

나는 '아픈 아이 낳은 엄마, 엄마 자격이 없는 엄마, 자식 힘들게 하는 엄마'로 스스로 낙인찍으며 살기 시작하였습니다. 그렇게 20여 년간 결혼 생활을 하며 살다 보니 어느 날 알맹이 빠진 인생을 살았다는 생각이 들었습니다. 오로지 아픈 자식에게 집중하며 죄인처럼 살다 보니 삶의 공허감, 무력감, 우울감이 오기 시작하였습니다. 자식도 남편도 그 누구도 다 싫고 귀찮아져서 나만의 동굴 속으로 들어갔습니다. 깊은 동굴 속으로

들어가는 글

들어갈 때는 빠져나오지 못할 것만 같았습니다. 그러나 동굴에 들어간 지 3개월 만에 나올 수밖에 없었습니다. 사춘기 딸을 내버려 두고, 보고만 있을 수 없었기 때문입니다. 그래서 좀 더 동굴에서 빠르게 빠져나올 수 있었습니다.

딸에게 늘 미안함이 있습니다. 잘 보살핀다고 노력은 하였지만, 아픈 오빠를 신경 쓰느라 편안하지 못한 임신 환경과 양육 과정에 놓여 있었기 때문입니다. 딸에게 늘 미안하고 짠했기에 중요한 사춘기 시기를 딸과 잘 소통하며 지내야겠다는 생각이 들어서, 마음이 어려운 와중에도 빠져나올 힘이 생겼던 것 같습니다.

여러분은 자신의 장점을 잘 알고 있나요? 저는 제게 장점이라고는 하나도 없다고 늘 생각하였습니다. 나를 비하하고 학대하며 살았습니다. 늘 자존감이 낮아 자신감 없는 삶을 살았습니다. 그나마 다행인 것은 제가 회복탄력성이 높은 편이었습니다. 아마도 저 혼자였다면 계속 자존감 낮은 상태로 살았겠지만, 자식들 때문에 힘을 낼 수밖에 없는 상황이라 회복력이 좋아졌는지도 모르겠습니다.

신이 나를 버렸다고 생각되었을 때는 너무 힘들고 슬픈 나날이었지만, 자식을 포기할 수 없어 묵묵히 참고 견디며 하루하루를 열심히 살다 보니, 어느 순간 어려운 상황 속에서 묵묵히 상황을 대처하고 깨닫는 지혜를 얻게 되었습니다.

거북이 걸음, 토끼 마음

'회복탄력성'이란 심리학 용어입니다. 저는 '탄력'이란 단어가 참 와닿고 좋습니다. 줄어들었다 늘어나는 고무줄이 생각나기도 하고, 오뚜기가 생각나기도 합니다. 고무줄은 금방 늘었다 주는 탄력이 있고, 오뚜기는 언제 넘어졌는지도 모르게 금방 탄력 있게 일어나 원래 모습대로 태연하게 서 있습니다.

어릴 때부터의 삶을 되돌아보니 40여 년이 넘는 세월 동안 넘어지고 일어나기를 수없이 반복하며 살아온 것 같습니다. 어쩔 수 없는 상황에서 자식을 책임져야 하기에 초인적인 힘을 발휘하여 하루하루를 버티며 살아왔습니다. 부모로서 책임을 지기 위해서였습니다. 그러다가 어느 날 갑자기 자궁적출을 하고 나니 내 인생이 얼마나 가련하고 안타깝고 가여운지, 자신에게 미안하다는 생각이 들었습니다.

사실 어려움을 겪지 않은 사람에게는 '회복'이란 단어가 쉬울지도 모르겠습니다. 하지만 깊은 수렁에 빠져 허우적거리는 사람에게는 참으로 어려운 단어입니다. '자기들이 뭘 안다고 그래.'라는 표현을 하게 됩니다. 아플 만큼 충분히, 아프고 내가 더는 이렇게 살면 안 되겠다는 생각이 들 때 조금씩 조금씩, 밝은 빛을 찾아 한 걸음씩 걸어 나오는 것이 회복의 첫걸음이지 않을까 생각합니다.

회복은 혼자서 하기 어렵습니다. 책을 통해서 회복할 수도 있고, 나를 믿어 주는 한 사람의 힘으로 회복할 수도 있습니다. 또는 나를 충분히 공감하고 이해해 주는 사람과 소통하며 회복할 수 있습니다.

내 인생을 멋지게 살지 못하고, 아픈 과거에 허우적거리며 산 저에게 "미안하다"라고 말해 주고 싶습니다. '유지·보수비가 많이 들어 힘들다.'라고 늘 말하면서도 저를 향한 지지와 믿음, 신뢰를 놓지 않은 남편에게, 시부모님께, 아들딸에게 이 책을 바칩니다. 또한 제 삶을 의미 있고 가치 있게 살 수 있도록 도와주신 모든 분께 감사하다는 말을 전하고 싶습니다.

미래에 대한 불안, 걱정, 근심, 우울함이 있다면 이 책이 조금이나마 도움이 되기를 진심으로 바랍니다.

2023년 4월

박희정

거북이 걸음, 토끼 마음

1

"

열등감의
씨앗

열등감의 뿌리 찾기

2020년 새해, TV 방송마다 심상치 않은 조짐으로 세상이 떠들썩합니다. 갑작스레 시작된 코로나19 바이러스로 아이들은 집에서 온라인 학습을, 어른들은 재택근무를 하게 됩니다. 우왕좌왕하면서도 새로운 시스템을 받아들여만 하는 시기, 설상가상으로 저도 갑작스럽게 자궁적출을 하게 되었고, 번아웃으로 삶이 힘든 시기를 맞았습니다. 건강이 악화되면 우울감뿐 아니라 열등감도 자연스레 따라와 친구가 되곤 합니다.

열등감은 외모, 키, 집안, 지능 등 여러 가지 원인으로 생겨납니다. 이것은 선택한 것이 아니라 타고난 것입니다. 선천적 조건 때문에 생긴 열등감은 얼마나 될까요? 전체의 60퍼센트가 넘는다고 합니다. 선천적 조건은 우리가 어떻게 할 수 없습니다. 열등감이라고 해서 꼭 나쁜 것만은 아

거북이 걸음, 토끼 마음

닙니다. 적당한 열등감은 나를 성장하는 도구가 됩니다.

자존감이 낮은 사람은 열등감을 느끼기도 하고, 모든 사람, 심지어 이웃집 강아지한테까지도 사랑을 받으려고 합니다. 하지만 남보다 부족하다는 것을 인정하고, 긍정적 사고를 갖고 내가 잘할 수 있는 부분을 갈고닦아 작은 성공을 이룬다면, 열등감에서 서서히 벗어날 수 있습니다.

나를 괴롭히는 열등감이 어린 시절 어느 시점부터 씨앗으로 뿌려졌는지 되돌아보면, 부모님께서 자주 하던 말투 때문이었던 같습니다. 아버지께서는 독자로 외롭게 자라서 그런지, 자녀를 여럿 낳았습니다. 저는 농사짓는 시골에서 자라다 보니 생활 형편이 그리 넉넉하지 않았고 신나게 놀 만한 환경도 아니었습니다. 주말이면 억지로 밭으로 끌려가 고사리 같은 손으로 잡초를 뽑는 등 일손을 거들어야 했습니다. 다른 친구들은 편안하게 방에 누워 만화프로그램을 보고 있었는데 말입니다. 만화를 못 본 것도 속상한데, 밭일이 끝나고 집에 돌아오면 식사 준비와 집안일을 언니와 분담해서 해야 했습니다. 시골에서 자라다 보니 그 시절에는 동네마트가 없어 오일장 날이나 되어야 맛있는 것을 사먹을 수 있었습니다. 자장면은 500원 짬뽕은 700원 하던 시절이었지만, 형제 중 졸업을 해야만 먹을 수 있을 정도로 귀한 음식이었습니다. 지금은 흔하지만, 당시에는 바나나도 귀한 시절이었습니다. 먹고 싶은 게 있어도 물건을 사려면 십 리(4㎞)를 걸어가야 살 수 있으니, 어린 나이인 저는 엄두를 내지 못하였습니다. 이렇다 보니 평소에 먹고 싶은 것이 있을 때는 자주 징징대었습

열등감의 씨앗

니다. 제가 징징댈 때마다 엄마는 "저런 것 왜 낳았어."라는 말을 자주 하였습니다. 그럴 때면 이상하게도 윗집 친척 어른이 와서 엄마와 같이 저를 놀리는 날도 많았습니다. 그분은 "어이구, 저런 것 왜 낳았어. 다리 밑에서 주워 와서 그런가?"라며 한술 더 떠서 말하였습니다. 그때는 그 말이 어린 마음에 상처가 된 듯합니다. 그 말을 자주 듣다 보니 엄마께 서운했는지 마음에 차곡차곡 쌓였나 봅니다. 어느 날은 친척 어른께 너무 화가 나서, "나는 왜 낳았어?"라고 했다고 합니다. 예닐곱 살 때쯤인 것 같은데 기억은 잘 나질 않습니다.

지금 와서 생각해 보니 출생 자체를 부정당한 것이었습니다. 엄마도 자식들에게 잘해 주고 싶지만, 당신의 몸도 힘들고, 경제적으로 넉넉하지 못하여 그랬던 것 같습니다. 그래서 엄마는 마음과 다르게 표현하였던 것입니다. 제가 초등 5학년 때부터 엄마는 매일 죽고 싶다는 말을 많이 하였습니다. 자식을 많이 낳고도 산후조리를 제대로 하지 못하였고, 생계를 위해 쉼 없이 시장에 나가서 야채 등을 팔아야만 했습니다. 게다가 농사일도 도와야 했기 때문에 양육 스트레스와 육체적 힘듦이 겹쳐서 그랬던 것 같습니다. 되돌아보니 당시 엄마 나이가 갱년기 우울증을 겪을 시기였습니다. 지금은 엄마가 이해되지만, 그때는 엄마가 저에게 한 표현 때문에 나를 늘 불안하고, 두렵게 했습니다.

제가 부모 상담을 하다 보면, 어린 시절 미움을 받고 자라 열등감이

거북이 걸음, 토끼 마음

생기는 예도 있고, 부모의 남아선호사상으로 남동생만 예뻐하고, 큰딸인 자신은 미워하여 열등감이 심한 아이로 성장한 사례도 종종 접합니다. 우리가 기억하는 것은 5~6세 이후 기억입니다. 저도 생각해 보면 6~8세 정도에 엄마와 친척 어른이 한 말을 듣거나 부모님의 싸움을 보고, 불안과 초조한 감정을 느끼며 심한 열등감이 생긴 것 같습니다. 또한, 마음속에 외로운 아이가 있는 경우는 상대방의 눈치를 많이 본다고 합니다.

내면의 상처받은 부분은 성장하지 못하고 멈춰집니다.

성인이 되어 결혼 후 자녀를 낳고 살면서도, 사랑받지 못한 내면 아이는 어린 시절 불안과 상처받았던 것과 같은 상황만 오면, 자기도 모르게 불안하고 외롭고 공허해합니다. 마음속의 아이가 살아나 자기감정을 지배하고, 무의식이 작동해 내 행동을 지배하기도 합니다. 그 열등감은 배우자나 자녀가 전혀 생각하지 못한 상황에도 반응해 가정불화의 원인이 되기도 합니다. 상처받은 내면 아이를 치유하지 못하면, 일어나지 않은 일을 상상하며 자신을 학대하거나 상대를 오해하기도 합니다. 우리 부부도 어릴 때 상처받은 아이를 미처 치유하지 못해, 서로를 오해하고 싸운 적이 있습니다.

열등감을 치유하기 위해서는 정신분석학적으로 어린 시절 부모와 관계, 가정 환경을 잘 생각해 보라고 합니다. 반복되는 행동 패턴이 있다면 어린 시절 상처받은 아이를 잘 치료해 주어야 합니다. 책을 통해 스스로 내면 치유를 하는 분도 있지만, 마음이 너무 힘들다면 상담을 받거나 정신건강의학과 치료를 받아 보는 것이 현재 삶의 질을 높이고 행복하게 살아가는 방법입니다. 현재를 즐겁고 행복하게 살지 못하는 것만큼 슬픈 일은 없습니다.

저도 어릴 때 상처받은 아이를 치유하지 못하여 과거에 머물러 있었으며, 매사 불안하고 두려운 생각에 앞을 향해 나아가지 못하고 현재를 즐기지 못하였습니다. 지금은 상담 공부를 통해 80퍼센트 이상은 치유된 듯합니다.

모든 부모는 자식을 사랑합니다. 다만, 자라온 가정 환경이 다르다 보니 사랑의 표현 방식이 다를 뿐입니다. 어린 자녀에게 사랑을 준다고 하기는 했지만, 부모의 사랑을 받아들이는 자녀는 부족함을 느껴 열등감이 쌓이거나 엇나가기도 합니다. 저도 두 자녀를 키우며 최선을 다한다고 했지만, 두 자녀는 부모의 사랑을 느끼는 정도가 다릅니다. 성격도 다르고 열등감을 느끼는 정도도 다릅니다. 부모의 가정 환경상 여건이 되지를 않아 자녀의 욕구를 충족해 주지 못할 때가 있습니다. 부모도 사람이다 보니 자기 부모에게 배운 대로, 무의식적으로 행동합니다. 누구나 처음으로 부모가 되다 보니 시행착오도 많이 겪고, 나의 감정을 잘 다스리지 못한 채 자녀를 양육하여 서로 상처를 주고받기도 합니다.

부부가 결혼하여 살면 둘이 사는 것이 아니라, 넷이서 살게 됩니다. 자녀가 둘이면, 가족은 6명이 사는 것과 같습니다. 부모가 미처 상처받은 내면 아이를 치료하지 못한 채 살기 때문입니다. 그렇다 보니 행복한 가정생활을 꿈꾸었지만, 부모는 치유되지 못한 열등감으로 인해 사소한 일에도 싸움을 하게 되어 가정불화를 겪기도 합니다. 자녀들도 부모처럼 불안과 두려움으로 열등감이 쌓이기 시작합니다.

부모에게 받지 못한 사랑을 자기 자녀에게 과하게 표현하다가 자녀에게 열등감을 안겨 주기도 합니다. 불안을 느낀 자녀는 부모에게 관심과 사랑을 받기 위해 노력하지만, 부모가 그것을 미처 알아채지 못하고 지나가 버려 아이의 마음에 상처를 남기게 됩니다. 어린 자녀가 부모에게 요구하고 바라는 것이 많아진다면, 부모의 사랑이 부족한지 점검해 보아야 합니다. 자녀가 원하는 욕구를 채워 줄 수 있도록 노력해야 합니다. 그러지 않으면 자녀도 부모처럼 열등감이 심한 아이로 자라 부모처럼 현재를 행복하게 살지 못하게 됩니다.

부모가 자녀를 양육하는 것은 쉬운 일이 아닙니다. 그러나 부모가 전부인 어린 자녀는 부모의 사랑을 먹고 자라야 안정되게 잘 자랄 수 있습니다. 부모가 내면의 상처가 있다면 하루빨리 치유하고, 부모의 입장을 자녀가 잘 이해할 수 있도록 설명해야 합니다. 그렇게 해야 어린 자녀의 마음에 상처가 남지 않고, 욕구 좌절로 인한 열등감의 씨앗이 자라지 않습니다.

과거를 지배하는 자가 미래를 지배하며,

현재를 지배하는 자가 과거를 지배한다.

– 조지 오웰 –

···································· 희정이의 🎀 추천도서 ····································

『자존감』, 이무석(국제정신분석가), 비전과 리더십, 2011.

거북이 걸음, 토끼 마음

오일장만 되면 시작된 악몽

여러분들은 어릴 적, 부모님의 어떤 모습이 떠오르나요? 행복한 모습, 불행한 모습, 마음이 아픈 모습 중 어떤 모습이 떠오르나요? 저는 여러 가지 일 중 오일장 날이 생각납니다.

장날이 되면 아버지께서는 술을 드시고 술에 취해 동네방네 떠나가라 노래하였습니다. 우리 집 골목 가까이서 "홍도야, 울지 마라. 오빠가 여기 있다."라는 노랫소리가 들리면 셋째 언니와 저는 소밥을 끓이는 아궁이로 얼른 도망가 구석에 숨어 덜덜 떨며 어머니, 아버지가 싸움이 끝날 때까지 숨어 있었습니다. 겨울에는 아궁이에 남아 있는 불씨에 몸을 녹이며 추위에 떨기도 하였습니다. 저는 초등학교 1학년쯤이고, 언니는 4학년 정도 되었을 나이라 아버지를 말릴 힘이 없어 무서워 숨기만 한 것입니다.

엄마가 너무 불쌍하였지만, 그때는 감히 아버지께 엄마에게 함부로 대하지 말라고 이야기할 힘이 없었습니다. 언니는 저와 다르게 굉장히 씩씩한 편이었는데도 아버지에게 무어라 한마디 하지 못하였습니다. 언니와 내가 숨어 있는 동안 아버지는 엄마에게 이것저것 투정을 부리다가, 마음에 들지 않으면 물건을 집어 던지며 소리치고 한바탕 난리가 났습니다. 엄마는 던진 물건을 피하시며 아버지에게 잔소리를 퍼붓습니다. 그러면 아버지는 자기를 무시한다고 느꼈는지 소리치면서 엄마를 때리려는 시늉을 하였습니다. 엄마는 맞지 않으려고 도망을 다니고 아버지는 쫓아다니다 지치면 잠들어 버렸습니다.

오일장 날은 아버지가 술을 마시며 스트레스를 풀던 날 같습니다. 평소에도 농사일하며 반주를 즐기시기는 하였지만, 장날처럼 집안을 쑥대밭으로 만드는 날은 없어서 그나마 다행이었습니다. 농사일이 힘들거나 엄마의 행동이 느려 맘에 들지 않을 때 소리치는 것은 마찬가지였지만, 자식들을 크게 혼내거나 때리지는 않았습니다. 하지만, 부모님께 서운하고 억울했던 감정은 여전히 마음 깊숙이 남아 있습니다. 저는 형제들과 달리 고등학교를 졸업할 때까지 부모님과 20년을 살았고, 막내다 보니 언니들보다 부모님께 혜택을 많이 받은 편입니다. 그렇지만 사실 혜택을 받은 게 아니라 피해자라고 생각해 왔습니다. 부모님이 자녀들 일로 문제가 있을 때마다 싸우셨는데, 그것을 고스란히 듣는 저는 늘 불안하고, 힘들고 지겨웠기 때문입니다. 그렇다 보니 말수도 적어지고 자신감도 많이

거북이 걸음, 토끼 마음

떨어져 소심한 아이가 되었습니다. 그러나 언니들이 느낀 열등감은 또 다릅니다. 부모님이 돈도 한 푼 주지 않는 상황에서, 직접 돈을 벌어서 학교에 다녀야 했고 몸이 아파도 쉴 수 없어서 너무도 힘들었다고 말합니다. 이렇듯 한배에서 태어나고 자랐지만, 부모에 대한 기억도, 자식이 느끼는 부모님에 대한 온도도 다릅니다.

30년 경력 상담사 하시가이 고지가 쓴 책의 제목과 내용이 떠오릅니다. 『아직도 당신의 머릿속에는 부모가 산다』인데, 우리가 현재 하는 모든 행동은 나의 잘못이 아닌 머릿속 부모에게서 긍정적·부정적으로 학습되어진 무의식의 문제입니다. 나도 모르는 사이 우울하고 두려워지고, 자존감이 낮아져 어떤 일을 하든지 자주 좌절하거나, 나를 비하하고 학대하며 죄인처럼 살 수도 있습니다. 부정적인 생각과 감정이 스멀스멀 올라와 나를 짓누르기 시작한다면, 그 생각과 감정을 단박에 끊어 버려야 합니다. 그리고 긍정적인 생각으로 빨리 전환해야 합니다. 내 생각과 감정을 알아차리는 순간, 반드시 머릿속 부모에게서 독립해야 합니다. 그러지 않으면 내 삶의 족쇄가 될 수 있습니다.

뇌는 긍정적 경험보다 부정적 경험을 세 배나 강력하게, 오래 기억합니다. 부정적 경험을 없애고 행복한 삶을 살기 위해서는, 긍정적인 경험을 하기 위해 네 배 이상 노력해야 합니다. 긍정적인 경험을 실행하기 위한 작은 습관 몇 가지를 알려 드리겠습니다.

첫째, 아침 10시 이전, 20분 정도만이라도 햇빛을 받으며 걷기입니다.

아침 10시 이전에는 햇빛에서 음이온이 나오는 시간이라, 돈을 들이지 않고도 행복 물질인 세로토닌을 분비하게 하는 데 도움이 됩니다. 세로토닌이 분비되면 스트레스 호르몬을 줄여 주어 스트레스 완화에 큰 도움을 줍니다. 걷기는 생각 전환에 도움이 되기도 하지만, 현재 머물고 있는 장소를 잠시 바꿔 보는 것만으로도 긍정적인 생각을 할 수 있습니다.

둘째, 맛있게 먹기입니다.

부정적인 생각이 들거나 스트레스를 받으면 식욕도 떨어지고 소화도 되지 않습니다. 그럴수록 맛있게 먹을 수 있는 음식을 찾고, 나를 위해 맛있는 음식을 섭취해야 합니다.

셋째, 숙면하기입니다.

'잠이 보약이다.'라는 말이 있듯이 숙면은 몸 상태를 조절하는 데 중요한 역할을 합니다. 잠을 깊이 자지 못하면, 컨디션이 좋지 않아 사소한 일에 짜증을 내거나 화를 쉽게 내며, 온갖 부정적인 생각으로 스트레스를 받게 됩니다. 잠이 오지 않을 때, 되도록 숙면할 수 있는 방법을 찾아야 합니다. 그래도 잠이 오지 않는다면 너무 스트레스를 받지 말고 그 시간에 다른 일을 해보거나 잠깐이라도 낮잠을 자는 것이 도움이 됩니다.

넷째, 심호흡하기입니다.

호흡만 잘해도 몸 상태를 최상으로 유지할 수 있습니다. 스트레스를 받으면 호흡이 절로 급해지고 마음도 급해질 뿐 아니라, 차분하게 하려고 마음먹어도 잘되지 않습니다. 스트레스를 줄이는 방법 중 기본은 천천히 깊게 복식 호흡을 하는 것입니다. 두세 차례만 반복해도 긴장이 풀리고 마음이 편안해집니다.

다섯째, 명상하기입니다.

긴장과 불안, 두려움이 생긴다면 앞서 말한 것처럼 복식 호흡을 충분히 한 후 짧은 명상이라도 하면 좋습니다. 명상 책을 사서 읽는 것도 도움이 되고, 유튜브 검색에서 자신이 편안함을 느끼는 명상곡을 선택해 명상해도 좋습니다.

여섯째, 봉사하기입니다.

위의 다섯까지를 실천해 보고, 여유가 된다면 봉사를 하는 것도 긍정적 경험에 큰 도움이 됩니다. 타인을 위해 봉사하고 사랑을 나누는 실천을 하면, 개인을 넘어서 타인과 더불어 행복에 이를 수 있습니다.

세상은 고통으로 가득하지만,

한편 그것을 이겨 내는 일로도 가득 차 있다.

- 헬렌 켈러 -

· · · · · · · · · · · · · · · 희정이의 추천도서 · · · · · · · · · · · · · ·

『아직도 당신의 머릿속에는 부모가 산다』, 하시가이 고지, 더퀘스트, 2022.

거북이 걸음, 토끼 마음

부정적 언어를 뿌린 밭

여러분은 걱정을 많이 하는 편인가요?

저는 걱정을 사서 하는 편입니다. 실수했던 과거를 자책하며 걱정하고, 아직 다가오지 않은 미래를 위해 걱정을 합니다. 걱정하느라 시간을 낭비하기 일쑤고, 그로 인해 잠자는 시간이 짧다 보니 건강을 해치기도 합니다.

친정엄마가 직장 생활을 하는 언니, 오빠들을 매일 걱정하는 모습을 보고 자랐습니다. 저는 엄마에게 짜증을 부리며 "걱정한다고 상황이 바뀌냐? 왜 사서 걱정을 하며 아파하고 슬퍼하냐."라고 말한 적이 있습니다. 그러면 엄마는 "너도 자식 낳아 봐라. 열 손가락 깨물어서 안 아픈 손가락이 어디 있는지." 하고 말하였습니다. 한두 번이 아니니 엄마의 모습이 너무 보기 싫다고 생각하면서 '나는 커서 엄마처럼 일어나지 않은 일을 습관처럼 걱정하며 살지 말아야지.'라고 다짐하였습니다. 그런데 저도 모르게 엄마처럼 걱정하는 습관이 스며든 것 같습니다.

습관이란 참 무섭습니다.

엄마의 모습이 그렇게 싫었는데, 저도 결혼하고 자식을 낳아 보니 엄마의 마음이 조금은 이해됩니다. 아이들이 건강했으면 덜 걱정했을지도 모르는데, 생각지도 못한 일을 겪게 되다 보니 엄마보다 더 많은 걱정을 하고 부정적인 생각을 하게 되었습니다. 자식에게는 부모가 전부이다 보니, 부모가 하는 말투, 생활 습관, 감정을 보고 자연스레 습득하게 됩니다. 돈을 내고 배우라고 해도 배우고 싶지 않은 습관입니다. 적게는 20년, 길게는 20대 후반에서 30대 초반까지 부모와 함께 살다 보니, 나의 좋지 않은 생각, 습관을 바꾸려고 아무리 노력해도 자연스레 부모의 습관이 몸에 익습니다.

아들이 초등학교 3학년 때 겪은 일입니다. 저는 직장을 다니고 시어머니께서 아들을 돌봐 주었습니다. 아들이 할머니와 같이 살게 된 기간은 4년 정도였습니다. 아들은 저랑 같이 사는데도 불구하고 온종일 할머니와 지내다 보니 할머니의 말투를 닮아 갔습니다.

아들이 5살까지 할머니와 살았는데도 할머니의 말투가 초등학교 때까지 남아 있었나 봅니다. 학교에서 수학 시간에 도형의 특징을 설명하는데, 가장자리라는 말을 쓰는 보통 학생과 달리 아들은 '가생이'라는 표현을 써서 선생님과 아이들이 마구 웃었다고 합니다. 아들은 자기가 맞는 말을 했는데 '왜 다들 웃지?'라고 생각하고 집에 와서 저에게 학교에서 있었던 이야기를 해주며, 선생님과 아이들이 웃어서 어리둥절했다고 하였습니다. 저도 그 말을 듣고 웃었습니다. 아들에게 정확한 표현을 알려 주며 이해시켰습니다. 다행히 아들이 반장, 부반장을 하며 친구 관계도 좋고 자존감이 높은 편일 때라서 마음에 상처를 받지 않고, 우스운 옛 추억으로 기억을 저장하고 잘 지나갔습니다.

부모 상담을 하다 보면, 부모가 어린 시절(초등학교 저학년)에 수업 시간 발표 시 공포스러웠던 경험이 트라우마로 남아서, 어른이 되었는데도 여러 사람 앞에만 서면 두렵고 떨려서 말을 잘하지 못한다는 분들이 있습니다. 저는 고등학교 때까지는 발표로 인한 트라우마는 별로 없던 것 같습니다. 그런데 대학교 때, <관광 영어> 발표 시간이었습니다. 어떤 상황을 영어로 설명하며 외워서 발표하면 교수님이 평가를 하였습니다. 저는 자존감이 낮기도 하지만 예기 불안이 있던 사람입니다. 발표하기 몇 주 전부터 계속 조금씩 외우고, 발표 전날은 뜬눈으로 밤을 지새우며 과제를 완벽히 외웠습니다. 그런데 제가 발표하는 차례가 되어 앞에 서니 가슴이 쿵쾅대고 떨렸습니다. 게다가 60명이 넘는 과 친구들이 저를 쳐다보고 있으니 갑자기 더 긴장되어 아무 생각이 들지 않았습니다. 그때 저와 같이

열등감의 씨앗

늘 앞자리에 앉던 친한 친구들과, 저와 별로 친하지 않은 친구들도 보기에 안타까웠는지, 저에게 입 모양으로 알려 주었습니다. 머리로는 잘해야겠다는 생각이 들었지만, 친구들이 입 모양으로 외울 순서를 알려 주어도 제 눈에는 잘 보이지 않았습니다. 이미 긴장해서 망했다는 생각에 입 밖으로 더 잘 나오지 않았습니다. 간신히 기억을 되살려 발표했지만, 열심히 노력한 만큼 좋은 학점을 받지 못해 아쉬웠습니다. 그 이후로 발표 트라우마, 시험 트라우마가 조금 생겼습니다.

사람들 대부분은 평가나 시험을 볼 때 불안하고 떨려합니다. 침착하게 잘 대응하는 사람도 있습니다. 저는 남보다 조금 더 불안해하며 힘들어합니다. 자존감 문제도 있지만 제가 실수하지 않고 잘해야겠다는 부담감, 타인에게 부정적으로 평가받는 것을 싫어해서 더 그랬을지도 모릅니다.

생각해 보면 저는 형제 많은 집의 막내였지만, 외동딸처럼 컸습니다. 형제들과 나이 차이가 나다 보니, 한창 사춘기가 시작할 무렵인 초등 6학년 때부터 고등학교 졸업까지 혼자 부모님과 살았기 때문입니다. 셋째 오빠가 군 생활을 하느라 집에서 2년 정도 출퇴근하였지만, 대화를 나눌 여유는 없었습니다. 제가 많이 의지했던 셋째 언니도 서울에서 학교에 다니게 되어 대화를 나눌 사람도, 의지할 사람도 없어 참 외로웠습니다. 친구들과는 집안 이야기하는 것이 그리 편하지 않아 입을 닫고 살았던 것 같습니다. 이런 환경에서 늘 싸우는 부모님의 모습과 부정적인 말투를

거북이 걸음, 토끼 마음

접하며, 나의 욕구까지 채워지지 못하다 보니 자존감은 더 낮아져만 갔습니다. 제가 강단이 좀 세고 마음이 강한 아이였다면 괜찮았을 텐데, 몸도 마음도 약하여 작은 것에도 상처를 잘 받았던 것 같습니다.

초등학생 때부터 선생님께 칭찬을 많이 받는 편이었습니다. 뛰어나게 공부를 잘한 편은 아니지만, 고등학생 때까지 성실하고 열심히 한다는 평가를 항상 받았습니다. 부모님도 저에게 좀 더 관심을 가지고 칭찬해 주고 지지해 주었더라면, 제가 좀 더 자존감도 높고 무엇을 하든 자신감 있게 일 처리를 잘하는 아이로 자라지 않았을까 하는 아쉬움이 남습니다.

엄마의 말투, 아버지의 말투가 생각나면 자존감이 확 낮아집니다. 결혼해서 자녀를 키워 보니 부모님이 어느 정도 이해는 됩니다. 그런데 저도 부모님과 같은 언어를 쓸 때가 있어 아이들에게 대물림하지 않으려고 부단히 노력하고는 있지만, 무의식에 박힌 부정적인 말들은 나도 모르게 툭툭 튀어나와 저의 멘탈을 한순간 무너뜨릴 때가 있습니다.

이처럼 함께 사는 사람의 영향력은 강력합니다. 부모의 말과 행동을 학습하게 되기 때문입니다. 그래서 부모의 역할은 아주 중요합니다. 자녀가 긍정적이고 성공적인 인생을 살기 바란다면 부모가 먼저 멘탈을 바꿔야 합니다. 평소 사용하는 언어, 감정 조절, 생각, 모든 생활 습관을 바꾸려고 노력해야 합니다. 평소 내가 부모의 행동을 닮고 싶지 않았는데 닮았다고 알아차리는 순간, 자녀를 위한다면 좋지 않은 습관은 단박에 끊어 내도록 노력하여야 합니다.

대부분 부모는 자녀의 좋지 않은 습관을 보면, 나를 닮은 모습이 싫어서 나도 모르게 작은 잘못에도 화를 더 크게 내거나 혼내기도 합니다.

많은 사람이 세상에서 가장 어려운 관계가 무엇이냐고 물어보면 '인간관계'라고 말합니다. 저도 내 마음과 같지 않은 가족과 타인을 볼 때 참 어려운 것 같습니다. 인생을 살면서 어려운 일들이 많지만 '인간관계'만 잘 관리해도 걱정 없이 행복하게 살아갈 것입니다. 인간관계에 지쳐 더는 사람을 만나고 싶지 않다는 사람도 있습니다. 저도 일상에서 스트레스가 많은 편인데, 인간관계까지 복잡해지고 좋지 않으면 너무 힘들어 더는 만나고 싶지 않은 생각이 들 때도 있습니다. 에너지의 소모가 너무 커지기 때문입니다.

티베트 속담에 "걱정을 해서 걱정이 없어지면 걱정이 없겠네."라는 말이 있습니다. 저는 걱정이 많은 엄마 밑에서 자라서, 어릴 때부터 사소한 일부터 아직 일어나지 않은 일까지 근심하고 걱정한 기억이 많습니다. 여전히 이런 성향이 조금은 남아 있지만, 부단히 노력한 끝에 요즘은 덜합니다. 지혜로운 사람은 스스로 행복하고 만족스럽게 살아가는, '자족하는 삶'을 살아간다고 생각합니다. 자신을 믿고, 스스로에게 의지하고 만족하며 살 때, 걱정과 근심이 줄어들고 현재를 행복하게 살아가는 것이 아닌가 싶습니다. 걱정하기보다는 삶의 태도를 올바르게 갖추고, 서로를

거북이 걸음. 토끼 마음

배려하고 존중할 때, 참 행복을 누릴 수 있을 것입니다. 때로는 걱정하기보다는 무관심한 듯, 태연한 자세가 필요하기도 합니다.

마음이 우울해 유튜브를 보다가 우연히 강남에 있는 <박세니 마인드 코칭 센터>에 가서 호기심 반으로 강의를 듣게 되었습니다. 사람마다 자기가 처한 상황에 따라 같은 것을 들어도 깨닫는 정도가 다릅니다. 저는 경제적으로도 바닥을 한번 친 상태에서, 육체적 아픔까지 더하는 상황이라 못난 저를 비하하며 학대하는 시기였습니다. 그런데, 첫 강의 시간에 대표님이 던진 질문, '인생이란 무엇이냐?'가 저의 머리를 한 대 탁! 치는 듯하였습니다.

"인생이란 고도의 집중과 몰입으로 나를 더 멋지게 만들어 가는 것입니다."라고 말하는데, 그 말이 제 심장에 '정신 차려' 화살로 세게 내리꽂았습니다. 아이들 유치원, 학교, 대학 강의 외에는 처음으로 센터에서 강의를 듣는 것이었습니다. 살짝 색안경도 끼고, 주변 지인들이 순진하게 넘어가지 말라고 하도 조언해 주어 마음의 무장을 하고 갔던 터였습니다. 실제로 거금을 내고 강의 사기를 당한 친구도 있었으니 마음의 무장을 더 단단히 하고 강의를 들었습니다. '강사에게 넘어가지 말아야지. 나도 알 만큼 알고 배울 만큼 배웠는데, 뭐.'라는 생각으로 갔던 기억이 납니다.

강의가 사실 그렇게 기교가 있거나 유창하지도 않았고, 심심한 동치미 같았습니다. 그런데 제가 동치미를 좋아해서였을까요? 고통스럽고 견디기 어려운 가정 환경을 잘 극복하고, 남에게 도움을 주고자 하는 강사의 마음이 진심으로 느껴졌습니다. 첫 강의를 듣고 제가 무엇 때문에 계속 방황하는 삶을 살았는지 깨닫게 되면서, 종교의 힘으로도 깰 수 없던 부정적인 생각을 한순간에 깰 수 있었습니다. 그동안 저도 나름대로 인생의 목표가 있었고, 사명감도 있어 주말에도 봉사하며 참 열심히 살아왔습니다. 그런데 강의를 들으며 내 삶이 '팥소 빠진 찐빵' 같다는 생각이 들었고, 내 상황에 너무 코 박고 사느라 인생의 본질을 제대로 깨닫지 못한 채 살아왔다는 생각도 들었습니다. 그래서 제 나름 강사의 말이 맞는지 의심하면서도, 강사가 추천해 준 책을 마구 사서 읽기 시작하였습니다. 그리고 남편의 협조하에 재수강하게 되었고 초점 잃은 제 삶의 푯대를 다시 세우는 계기가 되었습니다. 열등감과 부정적인 생각으로 꽉 차 있는 나에게서 벗어나, 조금씩 끊임없이 노력하며 나를 살리는 일에 집중하게 되었습니다.

거북이 걸음, 토끼 마음

문제점을 찾지 말고 해결책을 찾으라.

- 헨리포드 -

희정이의 🎀 추천도서

『멘탈을 바꿔야 인생이 바뀐다』, 박세니, 마인드 셋, 2022.

내로남불 부모, 대화가 필요해

예전 TV프로에서 식사 자리, 웃긴 이야기를 하나씩 하지 않으면 밥을 먹지 못한다는 가족을 본 적이 있습니다. '밥상머리 교육'의 중요성이 한참 유행하던 때입니다.

부부는 일심동체, 가족은 한 몸이라 생각하고, 요즘 초등생들이 하는 표현대로, 가족에게 예고도 없이 화내며 '급발진'하기도 합니다. 부부도 엄연히 따지고 보면 종이 한 장 차이로 엮인 관계일 뿐, 완벽한 타인입니다. 자녀도 부부의 사랑으로 연결된 종합 예술 작품이지만, 내가 낳았다고 해서 부모의 소유물은 아닙니다. 자식도 완벽한 타인입니다. 가족은 나의 든든한 지원군이 되기도 하지만, 타인보다도 못한, 상처 주는 훼방꾼이 되기도 합니다.

여러분의 가족은 각자 별명이 있나요? 우리 가족은 별명이 있습니다.

자녀가 지어 주는 별명은 점쟁이처럼 딱 들어맞습니다. 딸이 초등학교 5학년 때, 가족 그림을 그려 놓고 별명을 지었습니다. 어린 눈에도 부모를 바라보는 눈이 있었나 봅니다.

아빠는 가족만 바라보는 근육 맨, 중전마마
엄마는 완벽해. 젊음은 영원합니다.
오빠는 룰루랄라 수다스러운 해피 보이, 바쁨 주의
딸은 그림을 좋아하는 막둥이, 개그맨

우리 가족은 대화가 많기도 하고 싸우기도 잘합니다. 엄마, 아빠가 잘하면 되는데, 부모도 사람인지라 부모에게 양육 받은 대로 대화하고, 행동합니다. 어느 날, 제가 아들딸에게 화내는 모습을 보고 깜짝 놀랐습니다. 부모가 저에게 "꼭 그렇게 해야 해."라고 강조해서 말한 것처럼 화내는 방법과 패턴이 똑같았습니다. 부모의 유전임을 알아차린 순간, 저는 복잡한 생각이 듭니다. 내가 그렇게 싫어하고 닮고 싶지 않은 아버지, 엄마의 행동을 똑같이 하고 있다는 것에 자괴감이 들었습니다. 아이들은 영문도 모른 채, 별일 아닌 일에 '급발진'하는 엄마의 모습을 보고 어리둥절하였습니다. 참 가관이고 기가 막힐 노릇입니다.

첫아이에게는 부모님들이 대부분 처음이다 보니 궁금한 것이 많고, 자식에게 일어나는 일을 일일이 다 알아야 한다고 생각합니다. 그리고 세상에서 자식에게 가장 관심 있는 엄마처럼 행동하고 자녀를 대합니다. 자녀의 의견과 꿈, 기대하는 바와는 상관이 없습니다. 부모는 잘 키워야 한다는 투철한 사명 의식 아래 자녀를 망치는지도 모른 채, 자녀의 행동반경을 주시하며 인생 성공 계획을 세우고 학원 리스트를 선택합니다. 그리고 독립투사처럼 강한 의지를 다지며 자녀에게 아낌없이 지원합니다. 저도 여느 엄마와 마찬가지로 '나는 다른 엄마와 좀 달라. 자유롭게 키워. 꼭 필요한 것만 아이가 선택해서 할 수 있게 양육해.'라고 자부하였습니다. 나의 교육 방식을 지지하는 아들 친구 엄마들, 동네 엄마들이 주는 관심에 더 뿌듯해했던 것 같습니다.

시대마다 유행하는 말이 다르지만, 큰아이 다섯 살 때는 마시는 우유 순서로 만든 유행어가 있었습니다. 유치부 때는 서울 우유를 마시고, 초등학교 입학하면 연세 우유를 마십니다. 중학교에 올라가면 건국 우유를 마시고, 고등학교 올라가면 '그저 건강만 해라.'라고 생각하며 매일 우유를 마신다.'라는, 웃픈 우스갯소리가 있었습니다.

저도 아들이 서울대에 가기를 원했고, 본인도 엄마의 영향 때문인지, 초등 2학년 때부터 서울대에 가겠다고 정하고 자신감이 넘쳤습니다. 초등 4학년 때는 문화센터에 '서울대 견학 프로그램'이 있었는데, 아들 친구 엄마가 신청해 주어 서울대 견학도 다녀오는 열의도 보였습니다. 시어머니께서는 한술 더 떠서 하버드대에 가야 한다고 강조하시며, 기도까지 한다고 말씀하시는 바람에 살짝 부담도 느꼈습니다.

거북이 걸음, 토끼 마음

아들이 중학교 1학년 때 생긴 일입니다. 둘째와 나이 차이가 나서 둘째를 키우느라고 학교 활동을 잘하지 못한 것도 있지만, 하는 일이 있다 보니 학교에 갈 시간이 없었습니다. 그러다가 부모 교육 강의가 있어서 처음으로 학교에 갔습니다. 그날은 남학생들의 인터넷 활용과 부모의 대처 방법에 대한 강의를 들었던 것으로 기억합니다. 강의가 시작되고, 남학생들의 인터넷 활용과 부모를 욕하는 인터넷 사이트에 대해 알게 되었는데 과히 충격적이었습니다. 1년 선배만 무서워하고, 교사나 부모는 무서워하지 않는 중학생들의 실태에 대해서도 알게 되었습니다. 누가 자기 엄마 욕을 제일 심하게 하는지 맞대결하는 사이트도 있고, 핸드폰에 마귀할멈, 쌍시옷이 들어가는 육두문자를 써서 엄마의 닉네임으로 저장해 놓는 학생이 있다는 것도 알게 되었습니다. 엄마의 잔소리가 듣기 싫으면, 저장된 번호를 보고 아예 받지도 않는 학생도 있었습니다.

강의를 듣고 깜짝 놀라지 않을 수 없었습니다. 내 품의 자식은 순진하고 착하기만 할 것 같지만 그렇지 않을 수 있습니다. 내 자녀의 취미가 무엇이고, 무엇을 좋아하며, 친구 관계는 좋은지, 학교생활은 잘하고 있는지 등 자녀에게 관심 가지고 대화를 많이 해야 합니다.

사회생활의 기초는 가정입니다. 부모와 유대관계가 좋아야 사회생활을 잘하고, 학업 성적이 낮더라도 자존감과 자신감이 넘치는 자녀로 성장할 수 있습니다. 자녀를 걱정하기보다는 부모와 관계 개선을 하는 데에 신경을 쓴다면, 부모가 크게 신경 쓰지 않아도 학교나 사회생활을 잘하는 자녀로 성장할 수 있습니다.

열등감의 씨앗

한때 유행했던 <개그콘서트 - 대화가 필요해>라는 코너가 생각납니다. 신봉선과 김대희가 부부로, 장동민이 아들로 출연했는데, 남편은 가끔씩 스트레스를 받을 때면 잠시나마 잊기 위해 유튜브로 <개그콘서트>를 보다가 저에게 보여 주기도 합니다.

아버지 김대희   (하달 같은 지시) 밥 묵자.

        (가족들이 일제히 순가락을 든다.)

아들 장동민   (한 젓가락 입에 물고 젓가락을 내려놓으며, 무표정한 얼굴로) 아버지, 우리 집은 대화가 너무 없는 것 같습니다.

아버지 김대희   (순가락을 든 채 황당하다는 표정으로 아들을 쳐다보고) 밥 묵자.

        (잠시 후 순가락을 탁 내려놓고는 말을 이어 간다.)

        니, 얘기 잘했다. 말 나온 김에.

        (아내를 보며) 당신, 요즘 아들 교육을 어떻게 하고 있노, 으이.

        (아들을 향해) 야! 동민이 니 며칠 동안 쭉 지켜봤는데, 오늘만 해도 그래. 해 뜨기 전에 기나가, 하루 종일 싸돌아댕기다가 지 뱃대기 고프면 기어 들어와가 밥만 처묵고.

        (아내에게) 야, 하루 종일 밖에 나가서 뭐 하노? 으이?

아내 신봉선   지도 모르겠습니다. 지도 야 때문에 미치겠습니더.

아버지 김대희	(숟가락을 다시 탁 놓고, 소리를 버럭 지르며) 동민이, 니 솔직
	히 얘기해. 니 하루 종일 밖에 나가서 뭐 했노?
아들 장동민	학교 다녀왔는데요.
아버지 김대희	(멋쩍다는 듯 무표정으로) 졸업 안 했나?
아들 장동민	저 올해 입학했는데예.
아버지 김대희	중학교?
아들 장동민	고등학교 입학했는데예.
아버지 김대희	(아무 말 없이 빤히 쳐다보며) 밥 묵자.

요즘 이런 부모는 거의 없지만, 부모가 자녀들의 사소한 고민거리나 마음을 몰라주면 자녀가 외로울 수 있습니다. 우리 가족은 대화를 많이 하는 편인데 저를 포함해 남편, 아들, 딸 모두 속 깊은 이야기는 꺼내 놓지 못할 때가 있습니다. 이야기하기에는 자존심이 상한 일일 수도 있고, 가족이 걱정할까 봐 그럴 수도 있습니다. 또는 이야기했다가 부모님에게 혼나거나 상대가 그만큼 신뢰가 가지 않아 그럴 수도 있습니다.

사춘기 자녀들의 행동과 이야기를 들어 보면, 어른이 보기에는 별일이 아닌 것 같은데 당사자에게는 아주 중요하고 상처가 될 수 있는 문제입니다. 부모나 가족이라고 해서 함부로 판단하고 조언해서는 안 됩니다. 가족끼리도 적당한 거리와 예의, 공감이 필요합니다.

부모 공경이란 말은 요즘 세대에게 피부에 와닿는 말이 아닌 것 같습니다. 시대가 빠르게 변하면서 개인주의가 만연하고 있는 요즘은 부모나 어른이 지혜로울 필요가 있습니다. 함부로 끼어들거나 참견하고 예의를 가르쳐 보겠다고 꼰대 짓을 하면, 자녀들에게 환영받지 못하는 시대입니다. 부모는 마음을 열고 적극적이고 긍정적인 태도로 민주주의적인, 자녀 양육 방식을 배우고 익혀야 합니다. 부모가 어릴 때, 부모가 한 것처럼 양육한다면, 부모는 자녀에게 공경받기는커녕, 무시나 비난을 받으며 미움의 대상이 됩니다.

시대가 변한 만큼 부모도 변해야 합니다. 자녀를 양육하느라 정서적·육체적 에너지가 바닥나지 않도록 해야 합니다. 정서적, 육체적 에너지가 고갈되면 무의식에 있던 문제가 갑자기 튀어 올라와 화를 내거나 분을 내며, 본인이 인지하지 못할 만큼 이성을 잃는 행동을 하기도 합니다. 그러다 보면 자녀와 관계가 악화되기도 하고, 악순환의 고리가 되기도 합니다.

부모라면 종합 선물 세트 하나 정도는 갖고 있습니다. 저도 가지고 있습니다. 억압된 분노, 다혈질, 꼰대, 미친 돌아이 기질, 선생님과 통화할 때 변하는 두 얼굴의 목소리, 짜증·화·분노 제조기, 착한 콤플렉스 등을 무의식에 저축이라도 해놓듯 수시로 꺼내 씁니다. 이런 열등감과 좋지 못한 감정은 자녀들에게 대물림되니 조심해야 합니다. 어떤 상황 속에서도 부모가 왜 짜증이 나고 화가 났는지, 핵심 감정이 무엇인지 스스로 관찰하고 감정을 잘 조절해야 합니다. 그 후 자녀에게 차근차근 설명해야 합니다.

"부모가 자녀를 양육할 때, 머리에 꽃 하나 달지 않고는 키울 수 없다."라는 명언 같은 우스갯소리가 있습니다. 그만큼 잘 준비되지 못한 부모는 시행착오를 겪고 상처를 받으며 부모가 됩니다. 전문가라고 해서 자녀를 잘 키우는 것은 아닙니다. 자녀 양육은 교과서와 똑같이 할 수 있는 일이 아닙니다. 이론과 실제는 확연히 다릅니다.

자녀가 중, 고등학생, 대학생 정도가 되면, 거의 부모의 심판관이 됩니다. 부모보다 힘이 약하고 어릴 때는 부모가 의견을 주장하고 강요하면 말을 잘 듣고 따르지만, 자녀가 크고 나면 통하지 않습니다. 부메랑을 던지자마자 바로 나에게로 돌아옵니다. 때로는 부메랑이 화살로 변하여 돌아오기도 합니다. 저도 사람인지라 아무리 노력해도, 깨닫지 못한 열등감 때문에 패배하기도 하고 실수를 연발하기도 합니다. 자녀들은 서운했던 일과 시기를 정확히 잘 기억합니다. 그러나 부모는 그때그때 감정 변화에 따라 행동하고 지나면 다 잊습니다. '부모 교육' 강의를 하고, 공부하는 저 역시 가정생활이 때로는 불편할 때가 있습니다. 외부에서만 가면을 쓰면 되는데 집안에서도 가면을 써야 합니다. 자녀와 남편이 핀잔을 주기 때문입니다.

요즘 집에서 저의 별명은 '내로남불 여신'입니다. 제가 실수하거나, 어떠한 일을 깜박 잊으면, "미안해. 깜박했어. 몰랐어. 엄마가 워낙 바쁘잖아" 하며 사과하고 핑계를 대면서 가볍게 웃고 지나갑니다. "어머, 내가

열등감의 씨앗

그랬니? 기억이 전혀 나질 않아."라고 하면, 대학생인 아들이, "이거 보라고, 엄마는 내로남불의 여신이다."라고 합니다. 엄마가 실수했을 때와 우리가 실수했을 때, 왜 말이 다르냐는 것입니다. 아들이 실수해서 제가 잔소리할 타이밍이 오면 아들은 "엄마 어때, 나보고 거울 치료해. 엄마도 당해 보니 듣기 싫고 짜증 나지?"라고 말합니다. 그러면 저는 더는 말을 잇지 못하고 멋쩍다는 듯이 빵 터져 웃습니다.

부모라고 해서 저처럼 자녀에게 함부로 힘을 휘둘러서는 안 됩니다. 아들은 딸과 제가 티격태격 말다툼한 것에 대해서도 한마디 합니다. 딸과 나눈 대화에서 저의 화낸 포인트가 잘못되었음을 조목조목 이야기합니다. 저는 아들의 말을 듣고 바로 "그랬니? 미안하다. 다음부터는 고치도록 노력할게."라고 빠르게 인정합니다. 멀리서 듣고 있던 남편이 한 수 거들어 억울하다는 듯이 "너희 엄마는 항상 나만 나쁜 사람 만든다. 너네도 이제 커서 엄마를 겪어 보니 알겠지?" 하면서 자신의 지원군이 생긴 양 좋아합니다.

저도 처음부터 인정을 잘하는 사람은 아니었습니다. 내가 어른이니 당연히 맞는 말만 한다고 주장하는 편이었습니다.

아들은 혼내도 반항하지 않고 제 말이 끝날 때까지 다 듣다가 화와 잔소리가 가라앉은 것 같으면 저에게 한마디 합니다. '내가 반항하지 않는 이유는 자신이 잘못했다'라고 생각했기 때문이랍니다. 그러나 제가 상황에 맞지 않게 짜증을 내거나 신경질을 내면 한마디 일침을 가합니다. 기분 나쁘지 않고 유머러스하게 '자식은 부모의 거울이다.'라고 하며, 제가 강의 준비하는 것을 보거나 들은 것이 있기에 저에게 반성하라고도 합니다.

'부모 교육 강사가 그러면 되겠어?' 하면, 저는 일관된 교육을 하지 못했다는 부끄러움에 그냥 박장대소합니다. 아들 덕에 웃음이 났지만, 감정 조절을 하지 못하고 래퍼처럼 잔소리한 제가 창피하기도 하고 부끄러워서, 반성의 시간을 가지고 행동을 고치려고 노력합니다.

공부방에 온 초등학생들이 가끔 속상한 이야기를 할 때가 있습니다. 엄마가 억울하게 혼낸다는 것입니다. 자기가 조그만 잘못을 하기는 했지만, 그렇게 화낼 일이 아닌데 엄마가 마구 화를 내고 짜증을 부린답니다. 저는 그 말을 듣는 순간 웃음이 납니다. 저도 그러기 때문이죠.

아이에게 "속상했겠다."라고 위로해 주고, 너라면 그런 상황에서 어떻게 반응하면 좋겠냐고 반문합니다. 아이마다 비슷한 반응과 말을 합니다. 저는 부모 입장이니 부모의 마음도 알아 달라고 이야기합니다. 그러면 '엄마의 입장도 그럴 수 있겠네.'라는 친구도 있고, 자신이 엄마라면 더 혼냈을 것이라는 아이도 있습니다. 아이들의 다양한 반응에 함께 웃으며 공부를 시작합니다.

부모는 평소에 자녀에게 불만족스러운 감정을 꾹꾹 눌러 놓았다가 어느 날 잘못된 행동 하나가 시발점이 되어 참아 온 감정을 마구 쏟아 냅니다. 아이들은 화내는 엄마를 이해하지 못합니다. 어떤 상황에서 화가 올라올 때는 부모 자신의 마음속을 냉정하게 관찰해야 합니다. 남편과 좋지 못한 감정 때문인지, 직장 일 때문인지, 가사·양육으로 스트레스를 받는 것은 아닌지, 건강이 약해져 있는 상태인지 말입니다. 아이들이 모르는 것 같지만 어른들의 감정을 더 잘 파악합니다.

사람이 살인하는 데는 6초가 걸린다고 합니다. 그 짧은 시간을 우리는 참지 못하고 내지릅니다. 성숙한 부모가 되기 위해서는 화내는 방법도 잘 배워야 합니다. 화가 나기 시작하면 심호흡하고 자리를 3분 정도 피하는 것이 좋습니다. 감정이 좀 가라앉았을 때 자녀와 이야기해야 합니다. 그렇다고 해서 너무 자책할 필요는 없습니다. 나도 부모에게 보고 배운 대로 무의식적으로 행동하는 경우가 많습니다. 자녀에게 잘못했을 때는 부모도 자녀에게 사과하며, 잘못된 부분을 인정하고 고치도록 노력하면 됩니다. 그렇게 해야 자녀도 부모 등 뒤에서 배우며 잘 성장해 나갈 수 있습니다.

삶이 있는 한 희망은 있다.

- 키케로 -

········· 희정이의 ✿ 추천도서 ·········

『박상미의 가족 상담소』, 박상미, 특별한서재, 2022.

열등감의 씨앗

나와 맺은 불행한 관계를 뿌리 뽑자

어쩌다 보니 생계형 선생님을 20년간 해왔습니다. 누가 시켜서 한 일은 아닙니다. 이 일을 시작할 때 남편과 시부모님이 완강히 반대하였습니다. 그러나 저는 무엇이라도 해서 남편과 아이들에게 도움이 되고 싶었습니다. 게다가 저는 일하지 않고 그냥 넋 놓고 있으면 우울감이 오기 때문에 항상 뭐라도 찾아서 하려고 하였습니다.

남들은 저에게 "명품 유전자를 가진 외모로 태어나서 얼마나 좋냐?"라고 합니다. 남의 속도 모르고 말입니다. 고등학생 때, 친한 동네 친구는 저를 부러워하며 "이화여대 근처에 가서 왔다 갔다 해봐."라고도 했습니다. 1990년대만 해도 길거리 캐스팅이 한창 많을 때였습니다. 하지만 저는 몸과 마음이 약하고 마음이 가난하였습니다. 남들이 뭐라 한들 들리

거북이 걸음, 토끼 마음

지도 않았고, 나의 장점에 대해서는 한 번도 생각해 보지 못한 채, 단점과 못난 부분만을 생각하였습니다. 제 마음속에는 도대체 어떤 바보, 멍청이, 쪼다, 머저리가 들어 있었을까요?

제가 유일하게 스스로 선택하고 결정해서 한 것이 결혼인데, 첫아이가 아픈 바람에 인생의 나락으로 더 깊이 떨어졌습니다. 아픈 아이를 키운다는 것은 부모 중 특히 엄마의 마음을 갈기갈기 찢어 놓는 일입니다. 심장에 화살을 맞은 것처럼 심한 고통을 늘 안고 삽니다.

한 번도 상상해 보지 못한 일을 겪는다면, 여러분들은 대처할 방법이 있나요? 타고난 성향이나 기질이 긍정적인 유전자를 가지고 태어나지 않은 이상, 누구든 자신을 먼저 비난하고 미워하면서 좌절할지 모릅니다.

결혼하기 전부터 저는 이미 '인생 패배자!'라고 마음속에 저장해 놓고 살았는지 모릅니다. 뭐 하나 잘하는 게 없다고 생각했기 때문입니다. 그런데 아픈 아이까지 낳았으니 기분이 어땠을까요? 신에게 "나한테 왜 이러나요?"라고 울부짖으며 따져 묻기도 하였습니다. 저는 그저 울부짖으며 대답 없는 신이 야속하여 시도 때도 없이 눈물만 흘렸습니다. 친정 부모님과 사이만 좋았어도 좀 기대며 아픔을 나누었을 텐데, 걱정을 달고 사는 엄마가 걱정만 하고 살까 봐 말도 못 하고 혼자 끙끙 앓으며 감당해야만 하였습니다. 그리고 겉으로는 툭명스럽지만, 속이 깊은 아버지가 막내딸 걱정하며 속상해할 생각에 더 말을 꺼내지 못하였습니다. 그나마 기도하고 믿음이 좋은 시부모님을 만나 물심양면으로 지원을 받으니 축복받은 인생이라고 생각하였습니다. 시부모님이 무척 잘해 주기는 했지만, 저의 마음 한편에는 늘 공허함과 우울함이 느껴졌습니다. 그런데 마침 셋째 언니가 출산하느라 공부방 운영을 못 하니, 한 달만 공부방을 봐달라는 연락이 왔습니다. 저는 돌파구를 찾았다는 생각에 갑자기 힘이 나면서 기분이 좋아졌습니다. 그러나 남편과 시부모님께 허락을 받아야만 일할 수 있어서 고민이 되었습니다. 아이가 자주 병원에 가거나 아파서 저 혼자 감당이 되지 않다 보니, 시부모님과 함께 살았기 때문에 허락이 필요하였습니다. 시어머니께서 아이를 돌봐 주지 않으면 제가 외출을 할 수 없기 때문입니다.

일을 시작한 시기는 큰아이가 두 돌이 지나고 얼마 되지 않은 3살 때쯤이었습니다. 결혼 전에도 학원에서 근무하였던 터라 새로운 아이들을 만나는 것이 별로 낯설지는 않았지만, 집에서 장거리다 보니 좀 힘든 거리였습니다. 버스를 두 번 갈아타고 오가는 길이 4시간이 걸렸기 때문입니다. 그러나 남편에게 간곡히 부탁하고, 시부모님께서도 걱정은 하셨지만 한 달이니 해보라고 허락해 주셔서 언니네 집에 출근하게 되었습니다. 너무 힘든 날은 언니 집에서 자기도 하고, 가끔 남편이 픽업하러 오기도 하였습니다. 하지만 육아에서 벗어났다는 사실에 무척이나 신이 나고 기분이 좋아 힘든 줄도 모르고 다녔습니다.

거북이 걸음, 토끼 마음

9년 전, S 방송사에서 <K팝 스타 시즌 3>가 한창 유행했습니다. 출연한 세 자매 중 첫째와 둘째가 1차 경연에 출전했는데, 보컬보다는 춤에 재능이 있었습니다. 출연자들은 중 2와 초 6학년인데, 전문가들이 보기에 얼마나 부족해 보였을까요? 심사위원 3명은 입을 모아 타고난 리듬감에 천부적인 그루브가 있다고 칭찬하며 합격시켜 줍니다. 심사위원인 가수 박진영은 감탄해서, "나이는 어리지만 '소울(SOUL)'이 있다. 어떤 춤이든 어떤 노래든 있는 그대로 받아들여서 소화한다. 온전히 내 것으로 변형과 해석 할 수 있는 능력을 갖추고 있다." 하고 평가하며 두 자매의 천부적인 재능을 극찬합니다.

저와 셋째 언니의 사이도 이 자매처럼 좀 특별합니다. 우리가 살던 집은 부엌과 화장실 문이 양철 문이었는데, 어릴 적 심심할 때, 그곳에 글씨를 쓰며 선생님과 학생 놀이를 했습니다. 그러더니 둘 다 학생을 가르치는 일을 하고 있습니다. 언니와 제가 마음속에 품은 꿈은 큽니다. 그리고 그 꿈을 이루기 위해서 힘들어도 오뚝이처럼 일어나는 힘이 있습니다. 박진영 씨가 칭찬한 자매처럼 우리 자매는 천부적인 재능이 있는 것은 아닙니다. 그러나 언니와 저는 학생을 가르치는 재능이 있다고 생각합니다. 언니가 한 부탁 덕분에 저의 재능을 조금 더 확인하는 시간이 되었습니다. 미혼 때도 잠시 학원에서 일했는데, 부모님과 소통이 잘되어 고맙다는 인사와 함께 선물을 받은 적이 있습니다. 그때 자기 효능감이 생기면서 '나도 잘하는 게 있구나.'라고 생각하며 스스로 위로할 수 있었습니다.

그래서인지 가수 박진영의 심사평이 마음에 와닿습니다.

"어린아이들에게 그루브(GROOVE)와 소울(SOUL)이 있다."

내게 타고난 뛰어난 재능이 없을지라도, '멘사(Mensa: 국제단체, 지능 지수가 세계 인구의 상위 2퍼센트 안에 들면 가입할 수 있다.) 회원'이 아닐지라도, 분명 한 가지라도 뛰어난 재능이 있음을 믿어 의심치 않아야 합니다. 예를 들어 건강한 것, 잘 먹고 소화력이 좋은 것, 운동을 잘하는 것, 노래를 잘 부르는 것, 그림을 잘 그리는 것 등 작은 장점이라도 찾아보기를 바랍니다.

상담하다 보면 40대 후반 여성들이 갱년기 우울증과 겹쳐, 다른 사람보다 심리적 압박감을 더 느끼는 경우가 있습니다. 자녀를 잘 양육하고 남편을 내조하며 살다 보니 그런 증상이 나타나는 것입니다. 출산 후 신체가 변화한 것 때문이기도 합니다. 시부모님과 함께 사는 분들은 시부모님을 모시느라 정신적, 육체적 고통을 호소할 때도 있습니다. 이들은 내 인생은 없고, 병들고 쇠약해진 마음과 몸만 남았다며 우울감을 호소하기도 합니다. 그래서 인생을 전환할 만한 일을 하고 싶지만, 능력도 없고 경제적인 여건이 되지 않아 힘들다고 합니다.

누가 돈을 벌어 오라고 떠밀지는 않았지만, 자녀들 학원비를 벌기 위해 또는 어쩔 수 없이 생계형 경제 활동을 해야 하는 때도 있습니다. 그 속에서 타인과 갈등을 호소하는 분도 있고, 자신이 능력 없음을 탓하는 분도 있고, 남들은 잘도 참고 세상에 발맞추어 나아가는데 자신만 못하는 것 같다며 좌절하기도 합니다. 저는 이런 분들과 상담할 때 제 경험을 조금 이야기해 주기도 합니다. SNS를 보면 다들 나보다 잘사는 것 같고, 좋은 집, 좋은 여행지와 음식점 등만 다니는 것 같아 부러워도 합니다. 알고 보면 그들도 속사정이 있는데 말입니다. 저도 한때 SNS를 보며 부러워한 적이 있습니다. 그래서 뭔가 잘해 보겠다고 SNS 잘하는 방법을 배워 보기도 하였습니다.

내가 나를 한계 지어서는 안 됩니다. 가족들이 보기에도, 내가 보기에도 왜 이렇게 못하는지 한심하기 짝이 없을 때가 있습니다. 나이가 더 들면 못 할 것 같다는 생각도 들고, 일하지 않을 때 무력하기도 하고 잠이 잘 오지 않아 힘들어한 적이 있습니다. 나이가 들어서도 작지만 소소한 일을 해야 합니다. 요즘 100세 시대라고 하는데 주변에서 보면 오십 살만 넘어도 본인 스스로 뒷방 늙은이로 치부하며, 세상을 등지는 경우를 보았습니다.

인생은 오십부터라는 말도 있습니다. 전문가들은 이십 대 보다는 사십이 넘어서 진정한 삶의 의미와 가치를 알기에 행복한 노후를 잘 준비할 수 있다고 합니다. 나이와 관계없이 생각의 차이, 관점의 차이가 아닌

열등감의 씨앗

가 싶습니다. 자신에게는 보이지 않지만, 타인에게는 보이는 나의 장점이 있습니다. 저는 장점이라고 생각하지 않았는데 타인이 저의 장점을 찾아주는 경우가 있습니다. 저 역시도 상담하다 보면 내담자는 잘 모르겠다고 하지만 제 눈에는 보이는 내담자의 장점이 있습니다.

행복경제학과 심리학에 따르면 행복조건 1위가 대인관계입니다. 그만큼 인간은 사회적 동물이기에 타인과 관계를 무시하며 살 수는 없습니다. 내가 관심 분야가 있다면, 그 분야 전문가를 찾아 전문적으로 배워 보는 것도 좋습니다. 가족들에게 물어봤자, 좋은 대답을 듣기란 쉽지 않습니다. 저도 남들 눈에 부러워 보이는 부분이 있다고 들었습니다. 저는 계속 공부만 하고 있어, 하루하루를 갈등으로 보내고 있는데 말입니다.

가족에게 헌신하고 잘 챙기는 것은 중요한 일입니다. 그러나 자녀에게 과하게 기대하거나 남편에게 사랑과 관심을 갈구해서는 안 됩니다. 자녀들이 일정 나이가 되면 독립을 하듯이 부모 자신도 독립할 준비를 해야 합니다.

어릴 때 꿈이 있었나요?

해보고 싶은 것이 있었지만 포기했나요?

저는 내담자와 상담할 때, 가족과도 적당한 거리를 두고, 나와도 적당한 거리를 두라고 합니다. 내가 나를 너무 가까이하면 내 생각에 함몰

거북이 걸음, 토끼 마음

되고, 부정적인 생각에서 헤어 나오지 못합니다. 급기야는 우울증에 걸리기도 합니다. 가족과 친밀도가 너무 높다 보면 기대하는 마음이 커져 조금만 섭섭하게 해도 서운함이 쌓입니다. 그러다 보면 싸우게 되어 관계가 좋지 않아지기도 합니다. 가족과 타인에게 기대가 큰 만큼 나에게는 어느 순간 불행으로 다가옵니다.

나의 불행을 예방하려면
나를 대하는 태도가 바뀌어야 하고 현명해져야 합니다.

주관적인 감정보다는 객관적인 태도로 나를 바라봐 주고, 나를 관찰하고 느낄 수 있어야 합니다. 어려운 것 같지만 나의 감정을 자세히 점검하다 보면, 별일도 아닌 일에 민감한 반응을 보일 때가 있습니다. 상황보다 더 확대해석하며 감정의 소용돌이에 휘말리는 경우도 많습니다. 나와 불행한 관계에 엮이지 않도록 하려면, 타인이 아닌 나에게 레이더망을 맞추고, 나와 불행한 관계가 시작되려는 순간을 잘 포착하여 빠르게, 단박에 뿌리 뽑는 것이 좋습니다. 그렇게 해야 내 마음도 행복하고 가족, 타인도 행복해질 수 있습니다.

항상 타인의 행복보다 나의 행복이 우선 될 때 모든 관계가 회복됨을 잊지 말아야 합니다.

열등감의 씨앗

이미 끝나 버린 일을 후회하기보다는

하고 싶던 일들을 하지 못한 것을 후회하라.

– 탈무드 –

희성이의 추천도서

『불행한 관계 걷어차기』, 장성숙, 스몰빅라이프, 2021.

"

2

감정이
서툰 아이

볼만한 인생 드라마, 괜찮은 결말

한때 초등학생까지 열광했던, 인기가수 아이콘(iKON)의 <사랑을 했다>가 생각납니다. 여러분은 배우자를 얼마나 사랑해서 결혼했나요? 믿기지 않겠지만, 저는 도피성 결혼을 하게 됩니다. 고등학교를 졸업하고 21살 때부터, 큰오빠 지인, 언니 지인, 친구들, 대학 친구, 형부, 친척 등에게서 소개팅이 많이 들어 왔습니다. 서구적이고 센 언니, 차가운 도시 여자(차도녀) 같다는 얘기도 들었습니다. 사실 제가 그렇게 매력이 있는 외모는 아니지만, 착하고, 예의 바르다는 소리는 꽤 들었습니다. 알고 보면 소박하고 솔직 담백한 아가씨여서 인기가 많았는지도 모릅니다. 하지만 저는 사실 부정적인 생각과 시각을 가진 사람입니다. 타인에게는 긍정적이고 관대하나 자신에게는 부정적이고 친절하지 못하였습니다.

거북이 걸음, 토끼 마음

"I'm not OK."

"You're OK."

자신을 사랑하지 못하니, 수많은 소개팅을 즐기기보다는 미래의 걱정을 미리 끌어다가 쓰는 사람이었습니다. 깊숙한 내면에는 친정아버지나 가정 형편을 보고 '나를 무시하지는 않을까?'라는 생각이 있었습니다. 누구를 만나도 즐겁지 않고 열렬한 사랑을 해본 적도 없었습니다. 20대, 불타는 청춘은 그럭저럭 무의미하게 지나갔습니다.

27살에 주변의 성화에 못 이겨 알던 오빠에게 먼저 대시해서 일주일 사귄 후, 한 달 만에 결혼하였습니다. 남편도 당시 저만큼이나 현재에 처한 삶이 답답했는지, 호감이 있던 동생이 사귀자고 하니 일주일 정도 고민하고는, 일주일 정도 사귄 후 결혼을 결정하였습니다. 우리는 그렇게 번갯불에 콩 구워 먹듯 결혼합니다. 서로 열렬히 사랑하지는 않았지만, 직장 동료던 시누이와 막역한 사이고 집도 가끔 드나드는 사이라 안심하고 결혼을 서둘렀던 것 같습니다. 남편과 시댁을 신뢰해서 쉽게 결혼을 결정했는지도 모릅니다.

경제적 여건이 안 된 상태로 결혼하다 보니 시부모님과 함께 살게 되었습니다. 저는 남편과 서로 어느 정도 안다고 생각했는데, 결혼해서 살다 보니 서로에게 단점이 보이기 시작하였습니다. 게다가 계획과는 달리 결혼 후 두어 달 넘어 첫째를 임신하게 되어, 신혼 생활을 즐기지도 못한 채 출산과 육아로 바쁘게 보냈습니다. 그렇다 보니 남편과 서로에 대한 이해가 부족해서 육아가 예상한 것보다 더 힘들었습니다.

아픈 첫아이를 출산하고 키우며 여러 어려운 상황이 많았습니다. 남편은 남편대로 갑작스럽게 가장이 되고, 아빠로서 책임을 지려다 보니 크게 부담을 느낀 것 같습니다. 저는 신앙생활을 하며 신께 확실히 사랑받는다는 것을 느끼고, 기도하면 뭐든 다 이루어 낼 수 있다고 생각하던 때입니다. 내 인생이 탄탄대로로 갈 것이라는 확신이 있었습니다. 하지만 나의 기도와 예상과는 다르게, 나의 인생 드라마는 '비련의 여주인공'이 된 듯하였습니다.

큰아이가 태어나자마자 수술을 하는 바람에 15일 이상 중환자실에서 입원하여 저와 떨어져 지내야만 했습니다. 친정엄마는 멀리 살다 보니 시어머니께서 산후조리를 해주셨습니다. 가시방석이었지만 어쩔 수 없이 참고 견디었습니다. 시어머니께서는 타고난 배려심이 있기도 하지만 몇 년 동안 대형 병원 산부인과 보조로 일하신 경험이 있으셔서 아이가 아파도 놀라지 않으시고, 냉철한 판단력으로 상황을 잘 헤쳐 나가셨습니다. 사실, 개인 산부인과에서 큰아이를 낳았는데, 시어머니께서 아이의 이상한 점을 발견하고 급히 큰 병원 응급실로 가게 된 것입니다. 시어머니께서 산부인과에서 일하는 동안 여러 가지 어려운 상황을 보셨던 터라, '아이를 출산하는 것은 어렵고 힘든 일이다.'라고 말씀하시며 대형 병원에 다니기를 권하였습니다. 그런데 저는 강남까지 다니기도 불편하고 병원비도 훨씬 비싸서 대형 병원에 가기를 꺼렸습니다. 저에게 그런 크나큰 일이 있으리라고 생각을 전혀 못 했기 때문입니다. 개인병원이지만 어머니가 말씀하신 병원 과장님이셨고, 진료를 잘하는 곳으로 입소문 난 곳이라 믿고 다녔는데, 일이 벌어졌을 때는 빠르게 대처가 되지 않았습니다. 아이가 아프고 나서야 시어머니 말씀을 듣지 않은 것이 후회되었고, 시어머니의 발견으로 3일 만에 큰 병원으로 가게 된 것도 못내 아쉬웠습니다. 시어머니가 아니었다면 큰일 날 뻔하였습니다.

저는 며칠에 한 번씩 중환자실에 아들을 면회하러 갔습니다. 시어머니께서 운전을 할 줄 아셔서 저의 보호자로 항상 함께 다니셨습니다. 첫아들을 낳았다고 시아버님이 무척 기뻐하셨는데, 기쁨도 잠시, 출산의 기쁨과 축복은 어디로 간 채 눈물 속에서 하루하루를 보내야만 했습니다. 임신 기간에는 검사상 아무 이상이 없었는데, 아이가 아프다고 하니 청천벽력 같은 결과에 더 놀라고 힘들었던 것 같습니다. 믿기지 않는 현실이지만, 그 상황을 어쩔 수 없이 받아들이고 견뎌야만 했습니다. 큰아이가 15년을 넘게 후유증으로 맘고생을 많이 하고 가족들도 누구에게 말도 못 하고 맘고생이 많았습니다.

아이가 늘 아프고 병원을 수시로 드나들다 보니 사소한 일로 남편과 자주 싸우고 서로 미워하며 이혼을 결심한 것이 한두 번이 아니었습니다.

감정이 서툰 아이

남편과 저는 부모에게 받은 열등감, 수치심을 해결하지 못한 채 서툰 감정으로 서로를 대하였습니다. 서로 지지 않으려고, 보이지 않는 힘겨루기를 하며 살았습니다. 저는 남편을 보며 친정아버지가 떠올랐습니다. 나를 무시하는 언어나 협박한다는 느낌이 들면, 시부모님과 함께 살면서도 지혜롭고 현명하게 대처하지 못하고 거친 말로 쏘아붙이기도 하고, 남편에게 지지 않고 나를 보호하기 위해 방어하였습니다.

남녀는 부모에게서 채우지 못한, '미해결된 욕구'를 채워 줄 만한 짝을 찾고 알아본다고 합니다. 저는 남편이 저에게 헌신적으로 잘해 줄 거라는 확실한 믿음을 가지고 결혼했습니다. 그러나 예상이 빗나가는 순간, 결혼 전 서로 약속한 것과 다른 행동을 하는 남편이 밉고 서운하였습니다. 아들이 아프지 않았다면 그렇게까지 싸우고 살지 않았을지도 모릅니다. 각자 미숙하고 서툰 감정을 해결하지 못하여, 상대가 나를 알아주고 사랑해 주리라는 믿음을 가지고 결혼하였는데, 믿음이 깨지는 순간 잦은 싸움이 일어났던 것 같습니다.

남편과 저는 감정도 서툴고 미숙한 부분이 있었습니다. 서로를 이해한다고 생각했는데 이해하지 못하는 부분이 많았던 것 같습니다. 살면서 남편이 저에게 왜 그렇게 외부 활동을 못 하게 하고 불안해했는지 이해가 가지를 않았습니다. 어릴 때, 남편의 가정 환경과 양육 과정을 진심으로 이해하고 공감한 후에야 이해가 되었습니다. 지금은 서로 든든한 지원군이 되어 서로의 일을 응원해 줍니다.

　부모가 어릴 때, 양육 받는 과정에서 부모의 부정적인 암시를 통해 불안정한 성격을 갖게 됩니다. 부부의 서툰 감정을 이해하려면 3대에 걸쳐 부모가 자라온 환경을 이해해야 합니다. 내 잘못도 아닌데, 부모에게 충족되지 못한 욕구를 알지 못한 채 결혼하여 채우려고 하니, 싸움이 될 수밖에 없습니다. 나의 부모님, 할머니, 할아버지가 어릴 때 자라온 가정 환경이나 양육 과정을 이해하면 나를 이해하는 데 도움이 됩니다.

　예의가 부족한 며느리를 사랑으로 감싸 주고, 늘 든든한 지원군이 되어 주신 시부모님께 늘 감사한 마음이 있습니다. 지혜로우신 시어머니께서는 행동으로 실천하는 모습을 보여 주셨습니다. 그리고 봉사와 실천하는 모습을 보고, 제가 좀 더 성숙한 어른으로 성장할 수 있었습니다. 시부모님께서 항상 기도하고, 물심양면으로 도와주신 덕분에 첫아이를 잘 키워 지금은 자기관리를 잘하는 멋진 청년으로 자랐으니, 참으로 감사한 일입니다. 가정에서 가족이 나를 믿어 주고 지지해 주는 힘만큼 크고 값진 것은 없는 것 같습니다. 시부모님께 잘해 드리는 것은 없지만, 남편과 싸우지 않고 잘 살아가는 모습을 보여 드리는 것이 큰 효도라고 생각합니다. 마음에 빚이 남아 있지만, 너무 잘하려고 애쓰지 않고, 내가 할 수 있는 만큼만 하려고 노력하고 있습니다.

감정이 서툰 아이

지난날, 누가 뭐라 하지도 않았는데 저는 그냥 죄인처럼 살아왔습니다. 이제는 마음의 짐을 내려놓고 부족하면 부족한 대로 나를 인정하면서 살아가려고 합니다. 내면의 어린아이를 치유하지 못한 채로 성인이 되어 결혼하니, 상처받은 어린 자아가 수시로 괴롭혀 결혼하여 사는 동안, 삶을 너무 힘들게 살았던 것 같습니다. 여자 청년에게 상담해 줄 때는 부모에게 미해결된 문제를 꼭 해결하고 결혼하라고 조언하기도 합니다. 나도 모르게 쌓인 서툰 감정과 미숙함은 결혼 생활을 지옥으로 몰고 가는 원인이 되기 때문입니다. 저는 분명 성인이고 엄마지만, 급하게 부모가 되다 보니 자녀 양육이 더 힘들고 전쟁터 같았습니다. 두 아이를 키우면서 '부모님이 얼마나 힘드셨을까?' 하는 생각이 들기도 하였습니다. 부모님의 마음을 이제야 조금은 이해할 것 같습니다.

지나온 결혼 생활을 생각해 보면, 쓸쓸하고, 후회도 되고, 힘든 날도 많았지만 <사랑을 했다> 가사처럼 저의 인생도, '볼만한 인생 드라마, 괜찮은 결말'이라는 생각이 듭니다.

행복은 결코 많고 큰 데만 있는 것이 아니다.

작은 것을 가지고도 고마워하고 만족할 줄 안다면,

그는 행복한 사람이다.

여백과 공간의 아름다움은 단순함과 간소함에 있다.

– 법정 스님,『홀로사는 즐거움』중 –

········ 희정이의 추천도서 ········

『부부 같이 사는 게 기적입니다』, 김용태(가족상담 전문가), Denstory, 2017.

부모는 자녀의 언어디자이너

환경은 사람을 변화시킵니다. 부모에게 물려받은 유전적인 요인 때문이기도 하지만, 주변 환경은 여유를 가져다주기도 하고 마음을 피폐하게도 합니다. 어렸을 때, 친정아버지가 힘겨움을 달래기 위해 술을 드셨는지, 유전 요인이 있었는지는 모르겠습니다. 자주 술을 드시고 깽판을 치실 때, 엄마는 늘 "어이구, 저놈의 인간!"이라고 하며 속상해하셨습니다.

아버지는 입이 좀 짧으셨던 것 같습니다. 식사는 조금 하시고, 아침, 점심, 저녁 식사 전에 새참(간식)을 먹어야 했습니다. 엄마는 들에 농사일하러 가시기 전, 아버지가 먹을 간식을 챙깁니다. 아침 먹은 것을 치운 뒤, 다음 식사 준비를 대충이라도 해놓고 아버지를 허둥지둥 따라가느라 힘겨워 보이던 엄마의 모습이 생각납니다. 그 모습을 볼 때마다 엄마가 힘들어하는 것이 마음 아팠습니다.

거북이 걸음, 토끼 마음

아버지가 원하시는 음식을 초등학교 고학년(5, 6학년쯤)부터 제가 직접 해드렸던 기억이 납니다. 그러면 아버지는 맛있다고 하시며 드시던 기억이 납니다. 결혼 후에 아버지가 백내장 수술을 하기 위해서 우리 집에 일주일간 계신 적이 있습니다. 근처에 언니가 살았지만, 우리 집이 더 편하고 음식도 맞는다며 지내다 가신 겁니다. 제가 해준 음식이 간도 입에 딱 맞고 맛있었다고, 집에 가서 엄마에게 몇 번이나 말하며 '희정이처럼' 해달라고 하였답니다. 그때는 엄마도 아버지도, 모두 이해가 가지를 않았습니다. 아버지는 너무 입이 짧으시고 예민하신 분이라는 생각이 들었고, 어머니는 아버지 입맛에 맞게 음식을 해주지 못하는 것이 보기에 안타까웠습니다. 하지만 지금은 제가 아이들을 키우며 일해 보니 엄마의 마음이 조금은 이해됩니다. 세 끼 식사 준비에 간식까지 챙기는 일이 얼마나 힘든지를 알기 때문입니다.

엄마는 아버지를 험담하시곤 했습니다. 처음에는 엄마도 그러지 않으셨는데 당신 몸도, 환경도 편안하지 않으니, 마음에 여유가 없어 그러신 듯합니다. 이제 아버지가 돌아가신 지 10년이 다 되었는데, 엄마는 불과 몇 년 전까지 아버지를 그렇게 그리워하고 밤낮으로 우셨습니다. 그렇게 평생 싸우시고는 무슨 정이 남았다고 그리워하는지 이해가 가지를 않습니다.

어느 날 엄마에게 안부 전화를 했는데, 아버지 이야기가 나오니, "그놈의 인간이 왜 먼저 갔어?"라며 울먹이시는 겁니다. 그래서 제가 엄마에

감정이 서툰 아이

게 '살아생전 그리 싸우더니 뭐가 그리 보고 싶냐?'라고 했더니, 엄마는 당신이 겨울에 마당에 얼음이 언 줄 모르고 발을 내딛다가 넘어져 고관절이 부러져 수술하고 누워 있을 때, 아버지가 때마다 밥도 해주고 장날마다 맛있는 것을 사다가 음식을 해주던 일이 좋았다고 합니다. 평생 서운했던 삶 속에서 엄마가 아팠을 때 아버지가 잘해 준 기억이 그리도 행복했나 봅니다. 어머니에게 좋은 추억이 있다니 그나마 다행입니다.

엄마는 올해 여든일곱이 되셨습니다. 몇 년 전부터 엄마는 "사랑합니다." 하고 전화를 끊습니다. 어디서 배운 것도 아닌데 혼자 사시지만, 마음의 여유도 생기고 편안해서 그런가 봅니다. 자식이 여럿이다 보니 자주 찾아뵙거나 큰언니가 저녁 8시만 되면 하루도 빼놓지 않고 전화합니다. 그런 큰언니가 존경스럽기까지 합니다. 저는 엄마가 했던 이야기를 하고 또 하면, 짜증이 나는데 언니는 그 소리를 다 들어 줍니다. 언니도 사람이다 보니 엄마가 했던 이야기를 또 하면 전화기를 스피커폰으로 해놓고 집안일을 하면서 "어, 그랬어요. 어어~" 하며, 엄마가 하는 긴 이야기에 추임새를 넣으며 대답한다고 합니다. 그러면 엄마는 1시간 정도 실컷 이야기하고는 "아이고 야, 힘들다. 어여 끊어라." 하신답니다. 큰딸은 역시 지혜롭고 현명한 K 장녀(한국에서 큰딸을 부르는 말)로서 책임감이 강하고 남다르다는 생각이 듭니다. 둘째 언니도 큰언니와 협력하여 엄마가 좋아하실 만한 음식이나 물건을 사드리고, 가끔 시간 될 때마다 찾아가서 며칠씩 지내며 냉장고 청소나 집 안을 싹 정리해 주고 옵니다.

거북이 걸음, 토끼 마음

제가 어릴 때는 며느리 셋이서 부모님께 참 잘했던 기억이 납니다. 병원도 모시고 가고, 필요한 것도 잘 해결해 드렸습니다. 다른 자식들도 잘하지만, 큰아들, 큰며느리, 큰딸, 큰 형부는 다른 자식보다 생각이 넓고 깊다는 생각이 듭니다. 저는 이런 오빠와 언니들을 믿고, 친정엄마에게 가끔 전화를 드리거나 신경을 덜 쓰는 편입니다. 시댁에 형제가 시누이랑 남편밖에 없다 보니 아무래도 제가 큰며느리로서 시부모님께 신경 써야 하기 때문입니다. 남편도 시누이도 시부모님께 전화를 자주 하는 스타일이 아니라서 며느리인 제가 의무 사항처럼 전화를 많이 하는 편입니다. 시누이도 본인의 시부모님 근처에 살다 보니 시부모님 챙기느라 바쁘기도 하고, 저와 친한 언니 동생 사이여서 그런지, 제가 잘하든 못하든 아무 말 없이 묵묵히 바라봐 줍니다. 그런 시누이가 어느 때는 참 고맙다는 생각이 듭니다.

인간관계는 가족이든 타인이든 적당한 거리를 두고 서로 지켜봐 주고, 말없이 응원해 주는 것만큼 든든한 것은 없습니다. 어느덧 저의 시부모님과 산 세월이 친정 부모님과 산 세월보다 더 오래되었습니다. 20년을 넘게 함께 지내 온 세월 동안 참 많은 일을 겪었습니다. 기쁨과 슬픔을 함께 겪으며 살아온 동지애가 느껴지기도 합니다. 부족한 며느리지만 항상 어른으로서 이해해 주시고, 격려해 주며 사랑으로 감싸 주셨습니다. 그렇다 보니 감사한 마음이 마음 한쪽에 자리 잡고 있습니다.

매일 하는 일이 있다 보니 하루가 바삐 지나가다 보면, 일주일, 한 달이 금방 지나갑니다. 우리 시아버님은 손자, 손녀를 만난 지 일주일, 한 달이 채 되지 않았는데도 그리도 보고 싶어 하고 궁금해합니다. 그렇다 보니 시아버님은 우리에게 자주 전화하는 편입니다. 그러면 시어머니는 애들 바쁘다고, 우리에게 전화하는 것을 말리기도 합니다. 우리도 나이 먹으면 그럴까요? 부모의 마음이란 그런 것 같습니다. 제가 우리 아이들을 걱정스러운 눈으로 바라보고 말하는 것처럼 말입니다.

　나이 들어서 직업을 가지고 있는 것은 참 중요한 것 같습니다. 아이들이 유치부, 초등 저학년 때 일하는 엄마들이 고민을 참 많이 합니다. 저는 몇 년만 꾹 참으라고 말하고 싶습니다. 아이들이 부모의 관심과 격려, 사랑을 받으며 성장하고 싶어 하지만, 엄마가 옆에서 과보호하거나 할 일을 지나치게 많이 도와주다 보면 독립심이 약하거나 의존적인 아이로 자랄 수 있습니다. 물론, 부모의 지지를 잘 받아 독립심과 자립심이 강한 아이로 성장하는 예도 있습니다.

　자식을 키우는 일은 정답 없는 수학 문제지를 푸는 것과 같다고 하듯이 참 많은 생각과 어려움이 있습니다. 내 뜻과는 상관없이 자식이 엇나갈 때, 사소한 일로 마음 상하며 트러블이 있을 때, 참 속상합니다.

　그러나 부모가 직업을 단단히 가지고 있으면, 아이들이 어느 정도 성장한 후에는 싸울 일도 줄고 아이들과 남편만 바라보며 서운해할 필요도 없습니다. 바쁜 생활에 힘들 때도 있지만 자녀에게도 본이 되고, 즐겁고 행복한 노년을 맞이할 수 있습니다. 지금 직장 때문에 고민하고 있다면,

거북이 걸음, 토끼 마음

자녀와 남편과 많은 대화를 나누어 보고 지혜롭게 해결해 나가기를 바라며, 진심으로 응원합니다.

　나를 지지하는 가족 속에서 새로운 일을 시작할 수 있다는 것은 축복입니다. 가족의 마음이 진심으로 전달되기 때문입니다. 그러나 서로 바쁘고 힘들다 보면, 가족이 각자 분담했던 일이 엄마의 몫으로 모두 떠넘겨질 때가 있습니다. 함께하며 도움을 주겠다고 한 약속은 어느새 하얀 거짓말처럼 되기도 합니다. 이해는 충분히 합니다. 하지만 사람이기에 서운한 감정은 느낍니다. 그리고 서운한 감정이 쌓여 어느 날 폭발해서 가정 불화로 이어지기도 합니다.

　부모 상담을 하다 보면 일하는 여성들의 고민 중 하나가 가사 분담입니다. 이것 때문에 싸우기도 하고 힘들어합니다. 저는 집에서 일하다 보니 자신들보다 편하다고 생각하는 것 같아 서운함을 느낄 때가 있습니다. 출퇴근은 하지 않지만, 항상 긴장의 연속입니다. 집을 깨끗이 청소한 날은 누군가 방문을 하지 않는데, 청소하지 않은 날은 알고 방문한 듯해 난감할 때가 있습니다.

　성격상 깔끔하게 생활하려다 보니 예민하게 구는 것도 있지만, 직업적인 것 때문에 항상 더 예민하고 불안함을 느끼기도 합니다. 환경은 이렇게 사람의 성격에도 많은 영향을 줍니다.

　아들이 어느 순간부터 분리배출을 미루다가 밤늦게 하는 것을 몇 번

보았습니다. 제 속에서는 불이 올라오지만, 알아서 하는 친구라 그냥 두었습니다. 그래서 하루는 참다못해 밤늦게 짜증을 부리며 아들에게, "왜 너는 하지 않던 짓을 하니? 밝을 때 쓰레기를 버리고 오지. 밤늦게 가서 분리배출을 하냐? 엄마는 현관 앞에 쌓여 있는 쓰레기를 보기가 싫다."라고 하였습니다. 그런데 아들 말을 듣고 보니 일리가 있었습니다. 몇 년을 자기 혼자 거의 매일 분리배출 하다 보니, 노하우가 생겼다는 것입니다. 낮에 분리배출하고 오면 밤에 또 뭔가가 쌓여 또다시 버려야 하는 상황이 생겨서 늦게 버린다는 것이었습니다. 그러면서 아들이 "분리배출을 한다고 했으면 언제 하든 할 건데, 내가 하지 않은 날이 있어요?" 하며 기분 상해하였습니다.

가족이 바쁘다 보니 늘 '내가 하고 말지.'라는 생각을 하였습니다. 아이들도 남편도 늘 바쁘니 퇴근하고 와서라도 편안하게 지내라는 마음으로 집안일을 혼자 도맡아서 하는 편이었습니다. 그런데 한번 아프고 나니 저 혼자 집안일을 감당하기에는 버거울 때가 있습니다. 저도 하는 일이 많다 보니 당시에는 집안일이 더 힘들게 느껴졌던 것 같습니다.

지금은 분리배출로 인한 트러블은 없어졌습니다. 가끔 오빠가 바쁘거나 힘들어할 때면 딸이 오빠를 도와서 분리배출, 설거지 등을 합니다. 남편도 예전에는 분리배출이나 청소 등을 잘 도와주었지만, 일이 바쁜 날이 많아서 하지 못할 때가 더 많습니다. 어쩌다 집안 식구들이 서로 미루며 하기 힘들어하는 날에는 남편이 조용히 쓰레기를 버리고 와서는 한껏 생색을 내며 너스레를 떨기도 합니다.

쓰레기 하나 버리는데도 아이들은 자신만의 편한 방법을 찾고 선택합니다. 그리고 때가 되면 알아서 할 것을, 부모인 우리는 사소한 것을 보이는 대로만 보고, 평가하고 잔소리하며 기다려 주지 못합니다.

다음으로 딸이 설거지하는 방법을 이야기해 보겠습니다. 딸도 생각이 있고, 아들처럼 자기만의 설거지 노하우가 있습니다. 딸이 설거지하는 날에는 한바탕 난리가 납니다. 그릇을 함부로 쌓아 놓았거나 기름진 그릇과 섞어 놓는 날이면 구시렁거리며 신경질을 냅니다. 중학생 때는 곧잘 도와주더니 고등학생이 되면서부터는 자기도 힘이 드는지, 설거지할 때 설거짓거리가 지저분하게 쌓여 있으면 얼굴에 불편한 기색이 역력합니다.

딸의 행동 하나를 잘 살펴보면 웃음이 절로 납니다. 딸만의 설거지 노하우는 '그릇 아껴 설거지 줄이기 작전'입니다. 설거짓거리가 많이 쌓이면 자기가 오랜 시간 서서 씻어야 하니, 자기만의 방법으로 설거지를 줄이기 위해 그릇 한 개를 씻어서 재사용합니다. 중학생 때부터 한 일입니다. 그릇이든 컵이든 한 번만 쓰고 마구 쌓아 놓기만 하다가 자신이 설거지해 보니 힘들다는 것을 깨닫고 그릇 재사용하는 모습을 보고 한참 웃었습니다.

딸의 말투를 보거나 아들이 말하는 습관을 보면 저와 남편을 닮은 말투를 씁니다. 그 모습을 볼 때, 반성을 많이 하게 됩니다. '내가 저런 상황에 저렇게 말하고 행동하는구나.'

감정이 서툰 아이

아들이 매일 저에게 자기(아들) 행동을 보고, '자식 거울 치료' 하라는 말을 웃으며 자주 합니다. 그 말속에는 뼈가 있습니다. 아이들이 어릴 때는 부모가 힘이 더 세니 부모가 하라는 대로 말을 잘 들었지만, 자녀가 고등학생 이상이 되면 꼼짝없이 자녀의 말에 수긍하고 잘못을 인정할 줄도 알아야 합니다.

아이들이 부모의 소유물인 양 함부로 말하고 판단하고, 평가합니다. 부모의 권리를 너무 남용한 것은 아닌지 부끄러운 마음이 들기도 합니다. 그 뒤로 말과 행동을 조심하려고 노력합니다. 주부에게 쌓인 '짜증'이라는 옷은 사실, 단번에 벗어내기 힘듭니다. 하루 이틀 쌓인 것이 아니라 결혼과 동시에 자녀를 출산한 순간부터 쌓인 두꺼운 옷과 같기 때문입니다. 하지만 '자식은 부모의 거울이다.'라는 말처럼 내 자녀의 행동과 말투를 보니 조심하고 감정을 조절해야겠다는 생각이 듭니다. 단번에 바꿀 수는 없지만, 여유를 두고 한 가지씩 바꾸며 변화하는 일은 꼭 필요합니다.

자녀가 엄마와 오랜 시간을 보내다 보면 엄마의 말투, 부정적 감정, 긍정적인 감정 등을 그대로 복사하여 디자인합니다. 저도 사람인지라 참다 못해 함부로 이야기할 때가 있습니다. 자녀에게 부모의 마음을 솔직하게 표현하되 상처가 되지 않고, 마음에 독이 퍼지지 않도록 말해야 합니다.

제가 힘들고 마음이 편하지 않을 때 혼자 자주 하는 말이 있습니다.

가끔 가족들에게도 씁니다. "인간아~"라는 단어입니다. 친정엄마에게 20년이란 세월을 듣고 자라서 제 뇌에 박혀 있다가 엄마와 같이 힘들고 속상하면 튀어나오나 봅니다. '인간'이란 단어를 사전에서 찾아보면, '언어를 사용하고 사고할 줄 알며 사회를 이루며 사는, 지구상의 고등 동물. 사람. 인류'라는 뜻입니다. 엄마가 사용하거나 제가 사용하는 '인간'이란 단어는 '마음에 마땅치 않은 사람'을 낮잡아 이르는 말입니다. 부모에게 학습된 언어와 행동은 참으로 무섭습니다.

나도 모르게 부정적인 말이나 행동을 하고 있다는 것을 인지하고 있다면, 단박에 끊어야 합니다. 저는 2년 넘게 긍정으로 사고하도록 뇌를 훈련하는 중입니다. 부정적인 학습을 많이 한 '뇌'에게 말합니다.

"행복하다."

"감사하다."

"즐겁다."

"나 좀 괜찮다."

"나 왜 이렇게 멋지냐."

"나는 뭐든 다 할 수 있는 사람이다."

"나는 날마다 모든 면에서, 점점 더 좋아지고 있다."

"(거울을 보고 나를 위해 마구 웃어 주며) 너, 참 예쁘다."

감정이 서툰 아이

부정적이고 우울한 감정이 떠오를 때마다 매일 외칩니다. 실제로 사회성이 낮거나 자존감이 낮은 아이들에게 전신 거울 앞에 서게 하여 자신을 보며 웃어 주고 긍정적인 말을 하면, 사회성이 발달한다고 합니다. 전신 거울을 깨끗이 닦고 스티커로 예쁘게 꾸며 주는 것도 좋다고 합니다.

'부모와 자식 간의 대화'와는 별개로 '부부 대화'에 신경을 쓰면 아이에게 다섯 가지 능력을 길러줄 수 있습니다. 4차 산업혁명 시대를 살아갈 아이에게 일상 대화로 다섯 가지 능력을 키워 주는 것은 필수입니다. 부부가 함께 상의하여 대화에 조금만 더 신경을 쓴다면 자녀는 AI시대가 요구하는 미래형 두뇌로 성장할 수 있습니다.

아마노 히카리, 『아이의 두뇌는 부부의 대화 속에서 자란다』에 제시된, AI시대가 요구하는 미래형 두뇌로 성장할 수 있는 다섯 가지 능력을 알려 드리겠습니다.

첫째, 의사 전달 능력이 필요합니다. 의사 전달 능력은 대개 가정에서 오가는 일상 대화에서 길러집니다. 아이는 가족이 나누는 대화를 들으며 어떻게 자기 생각을 제대로 표현하고 전달할 수 있는지, 날마다 조금씩 배우며 습득합니다.

둘째, 다양한 가치관을 받아들이는 능력이 필요합니다. 아이가 처음 만나는 사회는 가정입니다. 아이가 좋아하는 것, 선악을 판단하는 기준, 상대를 배려하는 마음, 소중히 여겨야 할 것, 지켜야 할 예절이나 규칙 등을 가정에서 모두 배우고 습득합니다. 가정에서 부부가 서로의 차이를 인정하고 존중하는 모습을 보이면, 아이는 다양한 가치관을 폭넓게 받아들이는 사람으로 성장합니다.

셋째, 비인지적 능력이 필요합니다. '비인지적 능력'이란 한마디로 자신을 믿는 능력입니다. 요즘 교육계에서 세계적으로 주목받는 능력으로 타인과 관계를 맺으면서 아이 자신이 존중받아야 기를 수 있습니다. 이 능력을 기르려면 다른 사람과 잘 어울리며 다양한 경험을 하게 해야 합니다.

넷째, 안정된 자기 인식 능력이 필요합니다. 가끔 연예인이나 부모 상담을 하다 보면 어릴 때 경제적으로 풍요롭지는 않았지만, 부모가 보낸 지지와 믿음, 따뜻한 격려 덕에 정서적으로 안정되고 성격도 밝게 성장한 아이를 볼 수 있습니다. 경제적으로 어려울지라도 부부가 애정을 담아 긍정적이고 즐거운 대화를 나누면, 아이는 그 속에서 부족함이 아닌 풍요로움을 느낍니다. 이런 환경에서 자란 아이들은 '사는 것이 즐겁다.', '나는 살아갈 가치가 있는 사람이다.'라고 느끼며 긍정적인 사람으로 성장하게 됩니다.

다섯째, 문제를 찾아내는 능력이 필요합니다. AI에 지지 않을 능력이란 인간만이 할 수 있는 능력을 말합니다. 인간만이 가능한 능력은 바로 '과제 자체를 설정하는 능력'입니다. 가정에서는 가능한 한 목적 없는 대화를 많이 나누어, 인간만이 가질 수 있는 '공감 능력'을 길러 주어야 합니다.

거북이 걸음, 토끼 마음

당신의 행복은 무엇이 당신의 영혼을

노래하게 하는가에 따라 결정된다.

– 낸시 설리번 –

희정이의 🎀 추천도서

『아이의 두뇌는 부부의 대화 속에서 자란다』, 아마노 히카리, 센시오, 2020.

사랑의 언어, 좋은 관계를 유지하는 비결

어느 날 음악을 듣는데 소녀 감성이 물밀듯 가슴을 파고들어 옵니다. 마음의 여유를 두고, 음악의 아름다운 선율처럼 삶을 살아갈 수 있다면 얼마나 좋을까요? 남편과 연애 시절, 설레고 좋았던 추억도 떠오르고, 아이들과 행복했던 추억도 떠오릅니다. 삶이 아름다운 영화처럼 펼쳐지면 좋겠지만, 자녀를 양육하다 보면 전쟁도 이런 전쟁이 없다고 생각합니다. 나라는 존재는 그냥 엄마일 뿐, 여자라는 것을 까맣게 잊고 살아갑니다. 부모 교육도 받고, 아내 자격 과정도 받았더라면 좀 더 나은 삶을 살았을까요?

살다 보니 나 자신이 엄마 모습도 닮고, 아버지 모습도 닮았다는 것을 깨닫는 순간이 옵니다. 부모와의 관계에서 해결되지 않은 감정인'미해결된 문제'를 해결하기 위해 배우자를 선택하고 만난다지만, 알고 보면 서로 같은 결핍이 있어서 제 눈에 안경처럼 만납니다. 저도 배우자를 선택하는 기준을 생각해 보면, 제가 갖지 못한 것을 가지고 있는 사람을 선택했던 것 같습니다. 서로 양육 환경이 다르다는 것을 머리로는 이해합니다. 하지만 서로 불편한 상황이 오면 이론은 필요 없고, 나를 불편하게 한 상황으로 말다툼하게 됩니다. '아는 만큼 보인다.'라는 말이 부부 관계에도 해당하는 것 같습니다.

한 여자아이가 있었습니다. 그 아이는 부모님이 충족해 줘야 할 욕구를 충분히 채우지 못한 채 자랐습니다. 배려심, 유머, 성장 욕구, 인정 욕구가 있는 감성이 풍부한 아이였는데 늘 부족함을 느꼈고, 배워도 배워도 허기를 느꼈습니다. 타인의 시선을 많이 의식하며 자기 검열도 많이 하는 아이입니다. 무슨 일을 하든 완벽하지 않으면 시작하지 못합니다.

한 남자아이가 있었습니다. 엄마가 임신 8개월 때, 집안에 도둑이 들어 깜짝 놀랐고, 태어나서도 정서적으로 편안한 상태에서 자라지 못했습니다. 예민한 부분도 있지만, 예술적 기질이 있는 아이였습니다. 그런데 자신도 부모, 아이가 가지고 있는 재능을 잘 알아보지 못하였습니다. 공부라는 한 가지 그릇에만 집중하여 그 아이에게 있는 재능을 발견하지 못한 것입니다. 그러다 보니 자존감이 낮고 열등감도 심한 아이로 자랐습니다.

감정이 서툰 아이

두 아이는 어른으로 성장해 결혼하게 됩니다. 처음에는 서로 다른 성격에 끌리어 결혼하게 되었지만, 살다 보니 서로를 이해할 수 없는 부분으로 마음 아파하며, 서로를 미워하기도 하고 서운해하기도 합니다. 평생 달콤하고 진한 커피처럼 사랑할 수 있을 거라는 믿음은, 어느새 식은 커피처럼 차고 쓰게 변합니다. 서로의 열등감을 건들고, 마음에 생채기를 내며, 비난하고, 방어하고, 경멸하고, 평가하며 담을 쌓기 시작합니다. 미워하기는 쉬워도, 다시 진한 사랑을 하기에는 오랜 시간이 걸립니다.

관계의 기초는 서로의 내면을 아는 것입니다.

가트맨 박사는 "변화를 원하면 먼저 상대를 있는 그대로 좋아하라. 사람은 결점까지도 사랑받고 수용된다고 믿을 때, 변화하고자 하는 마음이 생긴다."라고 말했습니다.

행복한 부부와 불행한 부부의 차이는 문제가 있을 때, 그 문제를 어떻게 바라보고 어떻게 해결하느냐 하는 방법이 다릅니다. 문제를 잘 생각하고, 잘 표현하는 것이 부부의 행복을 유지하는 방법입니다. 부부 관계가 소원하다면, 부부관계가 좋아지고 회복에 도움 되는 책을 소개해 봅니다. 게리 채프먼의 『5가지 사랑의 언어』를 보면, 함께하는 시간, 선물, 봉사, 스킨십, 인정이 중요하다는 말이 있습니다. 부부가 서로 진정으로 원하는 핵심 욕구가 무엇인지 인지할 필요가 있습니다.

게리 채프먼의『5가지 사랑의 언어』맨 끝에 남편과 아내가 간단하게 검사할 수 있는 부분이습니다. 책이 지시하는 대로 검사를 하고 결과 체크 후, 책의 본문을 읽고 서로 노력하면, 부부나 가족이 원활하게 소통하는 데에 도움이 될 것입니다. 청소년 검사를 해보고 싶다면『청소년이 알아야 할 5가지 사랑의 언어』를 추천합니다. 자녀의 검사 결과에 따라 책의 본문 내용을 참고하시면, 자녀가 원하는 욕구가 무엇인지 알 수 있고, 자녀와 원활하게 소통하는 데 도움이 됩니다. 제 가족은 특이하게 검사 결과가 '봉사'로 나왔습니다. 각자가 도움 주기를 원하고 있다는 사실에 놀랐습니다. 가족 모두가 완벽주의에 무슨 일을 하든 최선을 다하고 열심히 하는 스타일들이라 삶의 무게가 있었나 봅니다.

가족이 원하는 '사랑의 언어'는 각자 다릅니다. 사랑의 언어를 이해한다면 평소 불편한 관계가 조금은 편안해질 것입니다. 예를 들어 아내는 봉사, 인정하는 말, 함께하는 시간을 원하는데, 남편이 자주 선물을 하고 스킨십을 해준다면 아내의 욕구는 충족되지 않아 싸우기가 일쑤일 것입니다. 또 남편은 함께하는 시간, 인정하는 말, 스킨십을 원하는데 아내는 사무적인 태도로 냉정하게 대한다면, 부부는 소통이 잘되지 않아, 가족이지만 서로 외로운 관계가 되기 쉽습니다. 부부가 서로 사랑하며 소통을 잘하고 싶다면, 실수를 반복하더라도 포기하지 말고, 매일 조금씩 부단히 노력해야 합니다.

감정이 서툰 아이

좋은 관계를 유지하려면
'외국어를 배우듯이'
사랑의 언어를 배워야 합니다.

- 게리 채프먼 -

 ········· 희정이의 추천도서 ·········

『5가지 사랑의 언어』, 게리 채프먼, 생명의 말씀사, 2010.

거북이 걸음, 토끼 마음

둔감력을 키워야 나답게 살 수 있다

<토끼와 거북이> 이야기는 어린 시절 우리에게 많은 교훈을 줬습니다. 그림책『슈퍼 토끼』(유설화)는 <토끼와 거북이>의 뒷이야기를 재미있게 결말지었습니다.

우리는 살면서 상대방이 던진 말 한마디에 '모욕감을 줬어.'라고 생각하고 상처를 받습니다.

<토끼와 거북이>에서도 마찬가지입니다. 토끼는 보이는 대로 "넌 왜 그렇게 느려? 어디 아픈 거야?"라고 말했을 뿐인데, 거북이는 상처를 받고 '넌 나에게 모욕감을 줬어!'라고 생각합니다. 토끼는 거북이가 경주하자고 내민 도전장을 비웃으며 받아들입니다. 우리는 결말을 너무도 잘 압니다. 자만한 토끼는 느린 거북이를 비웃으며, 쿨쿨 자다가 거북이에게 지고 맙니다. 토끼는 그 후로 어찌 되었을지 궁금합니다.

감정이 서툰 아이

그림책 『슈퍼 토끼』에서 경주에 진 토끼는 주변 동물들에게 비웃음을 사고 늘 악몽에 시달리며 모든 삶을 포기한 채 삽니다. 경주에서 진 것이 현실이 아니기를 바라고 아침에 눈을 떴을 때는 꿈이기를 바라지만, 거북이가 우승자라는 사실은 바뀌지 않습니다. 애써 마음을 다독여 보지만 괜찮지 않았습니다. 길을 가다가 '달' 자만 들려도 귀가 쫑긋 서고, 경주에서 진 토끼 자신을 흉보는 소리로 오해하기도 합니다. 애써 들으려고 하지 않아도 더 또렷하게 들립니다. "바보! 멍청이! 쓸모없는 패배자!"라고 말이죠.

우리도 살면서 나의 실수나 상처로 인해 견디기 힘들 때가 있습니다. 그 상처를 딛고 일어나야 한다는 것쯤은 누구나 다 아는 사실입니다. 그러나 머리로는 잘 알고 있지만, 마음이 가만두지를 않습니다.

토끼는 어떤 일이 있어도 달리지 않으려고 마음을 갈고닦고, 잊어버리려는 훈련을 거듭해도 머릿속은 온통 달리기 생각뿐입니다. 실의에 빠진 토끼는 어느 날 자기 모습을 보고 놀랍니다. 바짝 마르고, 털도 빠지고, 눈도 잘 보이지 않았지요. 토끼는 더럭 겁이 나서 더 늦기 전 병원을 찾아가던 중, 달리기 대회에 휩쓸리고 맙니다. 선두 주자들이 엄청난 속도로 덮쳐 오는 순간, 절대로 뛰지 않겠다던 토끼는 다짐이 무너져 달리고, 또 달립니다. 토끼는 세차게 뛰고 나서야 아름다운 자연의 싱그러움을 바라보게 됩니다.

거북이 걸음, 토끼 마음

여러분은 '슈퍼 토끼' 이야기를 들으며, 어떤 생각이 드나요?

고(故) 이어령 교수는 '모든 사람은 천재성을 가지고 태어났다. 그런데 한 방향으로만 가려고 하니까 1등과 꼴찌가 있다. 각자 다른 방향으로 뛰어가면 모두 1등을 할 텐데 말이야.'라고 했습니다. 사람은 누구나 어떠한 일을 하다가 실패하면 좌절하고 실의에 빠지게 됩니다. 그리고 나만 못났다고 생각하고 남과 비교하게 됩니다.

장점과 강점은 누구에게나 한 가지씩은 다 있습니다. 수학을 잘하는 사람이 있는가 하면 영어를 잘하는 사람도 있고, 또, 국어를 잘하는 사람이 있는가 하면 예체능을 잘하는 사람도 있습니다. 저마다 관심 분야가 다르고, 재능도 다릅니다. '남의 떡이 커 보인다.'라는 속담처럼 남의 떡만 커 보이고, 자기 떡이 작은 것만 봅니다. 그러면서 자신을 되돌아보지 못하고, 남과 비교하고 남 탓을 하면서 자신을 비하하며 우울감에 빠집니다. '실패는 성공의 어머니다.'라는 말도 있지만, 막상 닥치고 보면 아무 생각도 들지 않고 좌절의 늪에서 헤어 나오지 못합니다. 부모 상담을 하다 보면, 자녀와의 갈등도 있지만, 부모 자신의 문제가 더 큼을 느끼며 우울감을 호소합니다. 잘살아 보겠다고 노력하지만 좀처럼 나아지지 않고, 부부 갈등이 심해지는 예도 있습니다. 주변 환경의 영향도 큽니다.

요즘은 40, 50, 60대 할 것 없이 SNS를 많이 합니다. 저도 딸과 소통하기 위해 우연히 SNS를 하다가 여러 가지 공부를 하다 보니, 자신의 장점과 강점을 찾게 되어 제2의 직업으로 확장하게 되었습니다. 저처럼 인생 2막을 잘 준비하기 위해서 SNS를 하는 경우도 많습니다.

SNS를 하며 남의 삶을 보며 부러워하고, 젊은 시절에 해보지 못한 일들을 하려니 자신만 못하는 것 같아 타인과 비교하며 우울감에 빠지기도 합니다.

SNS를 하는 분들을 보면 대부분 성장 욕구가 강한 분들이 많습니다. SNS를 운영하며 잘되신 분들을 보면, 남이 보이지 않는 곳에서 잠 못 이루며 피나는 노력을 합니다. 사람들은 그 이면을 보지 못하고 보이는 것에만 집중하고 부러워합니다. 남을 부러워하고 비교하기 전에 자신의 그릇이 얼마만큼 큰지, 크기를 생각해 보면 좋겠습니다.

나의 역량이 작은 그릇에 담길지, 큰 그릇에 담길지 먼저 생각해 보면, 남을 부러워하고 시기, 질투할 필요가 없습니다. 자신이 담을 그릇은 작은데, 노력은 조금 해놓고 큰 것을 담으려고 하는 사람들이 많습니다. 물론 자신이 많이 노력했다고 생각하겠지만, 자신이 가야 할 길을 제대로 가고 있는지 점검해 봐야 합니다. 무엇인가를 이루려면 먼저, 목표를 분명하게 설정해야 합니다. 목표가 분명해야 상위 목표와 하위 목표들을 정할 수 있습니다. 자신을 큰 그릇에 담고 싶다면, 자기가 하고자 하는 일에 전문적 지식과 전략을 키우며, 조금은 느리더라도 차곡차곡 쌓아 가야 합니다. 그러다 보면 거북이처럼 정상에서 웃을 날이 올 것입니다.

요즘같이 바쁘게 사는 현대인들은 둔감해지는 능력, 둔감하게 살아

거북이 걸음, 토끼 마음

가는 능력을 키우는 게 중요합니다. 토끼와 거북이처럼 혹독하게 치르는 경쟁 속에서 스트레스를 덜 받고 살아가려면, 좋은 의미의 둔감함이 필요합니다. 둔감해지라는 말은 바보처럼 살라는 말이 아닙니다. 작은 일로 초조해하지 말라는 의미입니다. 누군가가 나를 욕하거나 심리적 압박감을 받아도 아랑곳하지 않고 넘기며, 나만의 일을 우직하게 해나갈 수 있어야 합니다.

우에니시 아키라『둔감력 수업』에 제시된 둔감력을 갖춘 사람은 다음과 같은 특징이 있다고 합니다.

문제가 생겨도 너무 심각하게 받아들이지 않는다.
작은 일로 과민 반응하지 않는다.
기분 나쁜 일을 오래 생각하지 않는다.
자기 자신을 몰아세우지 않는다.

이렇듯 둔감한 사람은 마음의 여유를 소중히 여기며 살아가는 자세를 갖고 있고, 마음의 건강을 지키며 살아갑니다. 또한 지나간 과거나 실수를 곱씹으면서 살지 않고, 과거의 실수를 잘 잊는 것도 밝고 활기찬 삶을 살아가는 데 도움이 됩니다. 지나간 일에 둔감해지면 긍정적인 마음이 살아납니다. 빨리 잊을수록 더 즐겁게 살아갈 수 있습니다. 저도 과거에 연연하며 헤어 나오지 못하던 사람인데, 과거의 실수도 인정하며 빠르

감정이 서툰 아이

게 잊는 연습을 하다 보니 어느 순간 마음에 평안함이 찾아오기 시작하였습니다. 이제 제가 효과를 느꼈던, '둔감력 키우는 방법'을 알려 드리겠습니다.

첫째,　　'좋은 사람 되기' 콤플렉스 버리기

둘째,　　기버(Giver)가 되더라도 내가 할 수 있는 것만 조금씩 하기

셋째,　　모든 일에 너무 예민하게 반응하지 않기

넷째,　　남과 비교하지 말고 자신의 '능력 그릇'을 키우기

다섯째,　내가 정한 목표에 맞는 지식 쌓기에 집중하며 몰입하기

여섯째,　마음의 여유를 가지기

일곱째,　나에 대한 분노, 부정적인 생각을 멈추고, 긍정적으로 생각하며 꾸준히 긍정 확언하기

여덟째,　혼자 있는 시간을 즐기며 자기 시간을 빼앗기지 말기

아홉째,　일의 우선순위를 잘 정하고 실행하기

열째,　　처음에 정한 목표를 자주 확인하며, 마음의 버팀목이 되어 주는 사람과 소통하기

세상을 살아가다 보면 사람이 재산이기도 하고, 사람이 나를 망가뜨리기도 합니다. 이루고자 하는 목표를 정했으면, 우선순위를 정하고 어떤 상황 속에서도 흔들림 없이 나아가야 합니다. 사람 대부분이 성공은 하고 싶어 하지만, 자신을 잘 파악하지 못하고 남과 비교하며 우왕좌왕

거북이 걸음, 토끼 마음

하다가 남이 성공하는 속도를 보고 불안해합니다. 하지만 마음의 여유와 건강한 정신, 건강한 체력을 지키는 것이 기본입니다. 기본이 지켜졌을 때, 성공을 해도 유지할 수 있는 힘이 생깁니다. 누군가 성공한 것을 부러워하기 전에 그 사람의 피나는 노력과 인내, 열정을 인정하고, 모든 시련과 고통을 견디는 과정을 바라보면 좋겠습니다.

빠른 세상에 적응해 가되, 나만의 둔감력을 키우는 방법을 찾아 오늘을 행복하게 즐기며 감사가 넘치는 삶을 살기 위해 노력해야 합니다.

감정이 서툰 아이

흔히 사람들은 기회를 기다리고 있지만,

기회는 기다리는 사람에게 잡히지 않는 법이다.

우리는 기회를 기다리는 사람이 되기 전에

기회를 얻을 수 있는 실력을 갖추어야 한다.

일에 더 열중하는 사람이 되어야 한다.

– 안창호 –

········· 희정이의 추천도서 ·········

『둔감력 수업』, 우에니시 아키라, 다산북스, 2019.

삶에 '인생 실패 재료'가 많은가요?

나는 어떤 사람인가요? 자신을 잘 이해하고 사는 사람은 별로 많지 않을 것입니다. 사람마다 기질도 다르고 성격도 다릅니다. 부모에게서 유전된 것도 있지만 환경적인 영향이 큽니다. 자신이 외향적인 에너지가 많은 사람인데, 가정 환경 때문에 내향적으로 살며 자신의 성격을 이해하지 못해 힘들어하는 사람도 있습니다. 또는 자신이 내향적 에너지가 많은 사람인데 외향 에너지를 많이 쓰느라 힘들어하는 사람도 있습니다.

무엇인가를 이루기 위해서는 자신을 잘 알아차리고 이해해야 합니다. 그렇게 해야 무슨 일을 하든지 멈추지 않고, 흔들림 없이 목표를 향해 나아갈 수 있습니다.

당신은 무엇을 위해,

감정이 서툰 아이

무엇에 대해,

누구를 책임져야 하나요?

무엇을 이루고 싶은가요?

못다 이룬 꿈이 있나요?

생계를 위해서 마지못해 하나요?

당신은 마음 근력은 탄탄한가요?

저마다 삶이 다르고, 이루고자 하는 목표 또한 다릅니다. 저는 어릴 때부터 성인이 된 지금까지도 바람에 나부끼는 갈대처럼, 바람 부는 대로 마음이 흔들렸습니다. 삶의 목표를 설정해 놓은 적은 있지만, '주변 환경이 따라 주지 않아서 나는 할 수 없다.'라는 생각에 지레 겁을 먹고 포기하였습니다.

비가 오는 날은, 비 오는 대로

눈이 오는 날은, 눈 오는 대로

바람 부는 날은, 바람 부는 대로

화창한 날은, 화창한 대로

무엇을 도전하기까지 많은 생각을 하느라 힘들고, 도전했다가도 아주 잘해 내야겠다는 강한 욕구 때문에 마음의 힘을 너무 주다가 지치면 빠르게 포기하였습니다. 다시 일어나기에는 끝도 없는 노력과 고통이 필요했지만, 내 안의 열등감이 나를 늘 조종하고 부정적인 생각을 불어넣곤 했습니다. 그 때문에 새로운 것을 시도했다가도 삶의 부담감이 너무 커서인지 두려움과 공포를 이기지 못하였습니다.

깊은 동굴 속에서 어렵게 빠져나왔건만 밝게 비추며 인사하는 해님이 부담스러웠습니다. 어두운 동굴 속에서만 살다가 밝은 태양 아래서 살려면, 아주 작은 습관부터 바꿔야겠다는 생각이 들었습니다. 나에게 무슨 문제가 있는지, 나를 가만히 되돌아보았습니다. 양파 껍질을 까듯, 하나씩, 하나씩 조심스럽게 내 안을 들여다보았습니다. 무의식 속에는 도대체 무엇이 들어 있길래, '이리도 어두운 마음에 익숙해 있고, 밝은 마음은 어색할까?'라는 생각이 들었습니다. 왜 늘 불안하고, 우울한지 알 수가 없었습니다. 그렇다 보니 체력에 한계가 오거나 이루지 못할 일이면 아예 포기하고 말았습니다. 그러고는 '무슨 일이든 끝까지 해내지 못하는 사람.'이라고 스스로 낙인찍어 버렸습니다.

양육 환경과 가정 환경에 따라 어떤 일을 느끼는 감정에 차이가 있습니다. 저 또한 가정 환경 때문에 불안을 잘 느끼는 사람이었습니다. 시부모님과 남편에게도 '너는 뭐든 잘 들이대는데, 끝마무리를 잘하지 못하는 것 같아.'라는 소리를 들은 적도 있습니다. 저는 그 말에 조금 상처를 받았습니다. 저도 잘하고 싶은데 용기 내어 시작한 일이 힘들면 끝마무리가 잘되지 않아 속상했기 때문입니다.

감정이 서툰 아이

상담을 배우다가 인도의 고타미 여인에 대한 일화를 알게 되었습니다. 인도 여인 고타미는 아들을 낳았습니다. 그러나 아들이 죽고 말았습니다. 죽은 아들을 안고 아들을 살릴 약을 구하러 다녔으나 사람들에게 조롱만 받았습니다. 한 남자가 그 여인에게 위대한 스승을 소개해 주었습니다. 그에게 가서 약을 청하자 스승은 반갑게 맞아 주며, "마을에 있는 모든 집을 샅샅이 뒤져서 시련이나 고통을 겪지 않은 집을 찾아내라. 그 집에서 겨자씨 한 알만 얻어 오면 된다."라고 말해 주었습니다. 고타미는 모든 집을 샅샅이 뒤졌습니다. 하지만 시련과 고통을 겪지 않은 집은 한 집도 없었습니다. 그들의 사연을 들으며 고타미는 깨달음을 얻었습니다.

여러분은 이 예화를 읽고 어떤 생각이 드나요? 상담을 배울 때 박상미 교수님이 하신 한마디, '내 상황만 보고 내 눈에 빨대를 꽂고 산다. 삶을 살아가려면 망원경을 가지고 살아야 한다.'가 저에게 진하게 와닿았습니다. 이 말이 저에게 큰 위로와 깨달음을 주었습니다.

사실 한 번도 경험하지 못한 일을 겪을 때는 아무 생각이 나지 않습니다. 그 어려운 상황들이 원망스럽고 하늘을 보며 신을 원망하기도 합니다. 아플 만큼 아프고 상처가 좀 아물면 나의 좁은 시야를 이해하고 깨달을 힘이 생깁니다. 깨달으면 그나마 다행이지만 그러지 못한 사람도 있습니다. 나의 문제만 들여다보고 살다 보면 '마음의 훈장'은 기본으로 답니다. 우울, 자책, 원망, 서러움, 억울함 등 '마음의 훈장'을 스스로 크게 달고 그 무게에 짓눌려, 하루하루를 힘들고 고통스럽게 살아갑니다.

여러분의 현재 마음 상태는 어떠신가요? '마음의 훈장'이 여러 개인가요? 이제는 마음속 아픈 훈장들은 하나하나 내려놓고 편안한 하루를 기대하고 감사하며, 오늘을 살아갔으면 좋겠습니다. 무거운 마음의 훈장은 누가 알아주지도 않습니다. 그 무게를 감당하지 못해 가족에게 타인에게 알아달라고 해봤자, 잠시 들어줄 뿐 마음의 훈장은 가벼워지지 않습니다. 억지로라도 긍정적인 생각을 하며, 나를 위해 행복한 일을 한 가지씩 만들어 가야 합니다. 매일 나의 모습을 보고 얼굴을 사진으로 찍어 보면서, 얼굴 상태를 체크해 보는 것도 자존감을 높일 수 있는 방법입니다. 고통 속에서 진정한 나를 발견하며 미래를 위해 기대해야 합니다.

하루하루 하다가 마는 한이 있더라도, 작심삼일일지라도, 매일 도전하다 보면 1년이 가고 2년이 가서, 세월이 흘러 좋든 좋지 않든 결과가 나옵니다. 그 결과를 보며 내 인생을 수정해 가면 됩니다. 틀린 글씨만 지우개로 수정하는 것이 아닙니다. 때로는 나의 고통도 마음의 지우개로 조금씩 지워 가며 없애야 합니다. 그 과정이 쉽지는 않지만 나를 살리고 가족을 살리고, 타인을 살릴 수 있는 좋은 기회입니다.

'이 또한 지나가리라.'라는 말이 있지요. '세월이 약'이라는 말도 있고요. 그러나 적극적인 노력과 실천이 없다면 마음의 훈장들은 절대 없앨 수 없습니다. 오늘이 딱 좋을 때입니다. 하루하루 살아가며 우리가 무슨 일을 당할지 모릅니다.

감정이 서툰 아이

오늘을 살며 좋은 생각을 하고 작은 것부터 도전해 보면 좋겠습니다. 일단은 체력이 가장 중요합니다. 'No pain, no gain(고통 없이 얻어지는 것은 없다)'이라는 영국 속담처럼 우리 인생은 고통 없이는 아무것도 얻을 수 없습니다. 감정은 우리 뜻대로 되지 않지만, 생각은 스스로 조절할 수 있습니다. 힘들고 어려운 상황 속에서는 불행하고 괴로운 감정 자체를 당장 없앨 수는 없습니다. 하지만 그런 감정을 만드는 생각은 충분히 조절할 수 있습니다.

저는 괴로운 감정에서 빠져나오기 위해 모두가 이야기하는 '긍정 암시'한 문장을 아침저녁으로 소리 내어 외쳤고, 거울을 보며 나를 향해 매일 웃어 주었습니다. 즐거운 음악을 들으며 흥얼거리기도 했고, 때로는 펑펑 울기도 하였습니다. 그리고 '피할 수 없으면 즐기라.'라는 말처럼 내 현 상황을 바꿀 수 없으니, 부족한 것을 채우고 나를 치유하려고 노력하였습니다.

건강에 문제가 있으니 나 혼자 할 수 있고, 시간이 주어질 때마다 할 수 있는 온라인 수업이나 강의 위주로 선택해서 공부하기 시작하였습니다. 제 컨디션이 허락할 때만 마음공부도 하고 깨닫고 실패도 하면서, 쉬지 않고 도전하였습니다.

제가 처음으로 '긍정 문장'을 21일 동안 따라 해보기 시작하였습니다. 어느 날 책을 소개하는 유튜브 채널, <김미경 TV>를 보는데, '의지가 약한 사람·자주 포기하는 사람·작심삼일인 사람 등은 이 책을 꼭 읽어 보세요.'라는 말이 저를 지목하는 듯하여 고민하다가 채널에서 추천한 『무소의 뿔처럼 당당하게 나아가라』를 사서 읽었습니다. 내용이 어려우면 어쩌나 걱정했는데, 의외로 쉽게 읽고 따라 할 수 있었습니다. 이 시기는 수술 후 3개월이 지난 후라 체력적으로 회복이 되지 않아 몸과 마음이 약하여 무엇인가를 시도할 마음의 여유가 없을 때였습니다. 하지만 3개월을 먹고 자고만 하다 보니, 일상이 너무 따분하다는 생각이 들었고, 뭐라도 시작해야겠다는 생각이 들었습니다. 그래서 책을 읽으며 저자가 하라는 대로 A4용지에 글을 써서 벽에 붙여 놓고, 아침저녁으로 21일 동안 소리 내어 따라 하기 시작하였습니다. 21일, 매일 따라 하는 것은 생각보다 쉽지 않았습니다. 그러나 내가 뭔가를 한다는 생각이 들어서일까요? 매일 기분이 좋아지기 시작하였습니다. 내가 기분이 좋아지니 집안의 공기 흐름도 좋아지면서, 크고 작은 좋은 일들이 생기기 시작하였습니다. 좋은 일이 일어나는 일보다 기분이 좋은 것은 저의 몸과 마음이 건강해지는 느낌이 좋았습니다. 그리고 SNS에서 좋은 인연들을 만나게 되고 활력 넘치는 생활을 하다 보니, 건강을 되찾기 시작하였습니다.

저를 바꾼 또 한 권의 책은 조성희 대표의 『나를 뜨겁게 응원하라』입니다. 이 책을 읽으며 100일간 필사하는데, 쓰다 보니 팔목이 아프고 힘들어 50일 정도 하다가 그만두었습니다. 50일 동안 매일 하지 못하고 여러 날 밀렸지만, 컨디션이 허락하는 날만이라도 실행한 나에게 칭찬해 주었습니다. 다음 시도는 조성희 대표의 <클래스101> 온라인 강의 신청

후, 강의 내용대로 따라 하기였는데, 그것도 몇 강쯤 듣고 따라 하다가 그만두었습니다.

어떤 행동을 한 지 21일이 되면 뇌에 습관이 형성되고, 63일에서 100일이 지나면 자동으로 행동하게 한다고 합니다. 100일 동안 꾸준히 계획을 실행하지는 못했지만, 작은 목표와 작은 성공을 맛보는 것만으로도 효능감이 생겨서 무엇인가를 도전해 보고 싶다는 생각이 들었습니다.

여러분도 계획했지만 시도조차 해보지 않거나, 끝까지 실행하지 못하고 실패한 일이 있나요? 그렇다면 당신은 앞으로 성공할 확률이 높은 사람입니다.

요즘 '지금 당장 행동하지 않으면 아무것도 이루어지지 않는다.'라는 말을 많이 합니다. 당신은 많은 실패를 했지만, 실패한 계획만큼 자신에게 맞는 길을 찾을 확률이 높아진다는 사실을 잊지 말았으면 좋겠습니다. 좋은 경험만이 좋은 것이 아니라, 나쁜 경험도 성공으로 가는 길에서는 꼭 필요한 인생 재료입니다. 인생 실패 재료는 2퍼센트 부족한 내 삶을 더욱 맛깔스럽게 만들어 줄 수 있습니다.

내 삶에 인생 실패 재료가 많은가요? 이것저것 실패하며 '인생 맛'을 보다 보면 나에게 안성맞춤이고 멋진, 인생의 옷을 입을 날이 분명 올 것입니다. 너무 조급해하지도 말고 거북이처럼 느리게 쉬면서 가더라도, 나의 여건과 주변 환경에 맞추어 나를 믿고 나아간다면, 좋은 결과를 얻을 날이 분명 올 것입니다. 가장 이상적인 삶의 태도는 타인의 기준이 아닌, 나의 기준대로 맞추어 갈 때입니다. 어떤 일을 하느냐는 중요하지 않습니다. 주어진 일을 얼마나 감동적으로 하느냐가 성공으로 이끕니다. 주연 배우가 아니고 단역을 맡아도 명배우는 빛이 나는 법입니다.

운명은 바꿀 수 있고, 모든 인생에는 의미가 있습니다. 사람이 쉽게 바뀌지는 않겠지만, 실망하지 말고 자신을 수용하면서 기다리고 인내해야 합니다. 단, 기다리되 준비하고 기다려야 합니다. 바다 한가운데 멈추어 있던 돛단배는 바람이 불어야 갈 수 있습니다. 바람을 기다려야 하는 인내도 필요합니다. 어느 날 바람이 부는 날에는 앞으로 힘차게 나아갈 수 있습니다.

세상에 영원한 것은 없습니다. 누구에게 인정받지 못하더라도, 누군가에게 기억되지 않아도 상관없습니다. 내가 왜 살아야 하는지, 의미를 발견하는 날이 온다면, 인생 최고의 날이 시작될 것입니다. 여러분의 마음속에서 잠든 아름다움을 깨워 보면 좋겠습니다. 울 줄 알아야 웃을 수도 있고, 깊은 밤이 지나야 여명도 맛볼 수 있습니다. 실천만이 실력이 됩니다. 걱정하기보다는 긍정적인 생각, 좋은 감정을 선택하고 내 안에 숨겨진 멋진 나를 믿고 나가면 좋겠습니다.

인간만사 새옹지마라는 말이 있습니다. 인간의 길흉화복은 돌고 돕니다. 괴롭고 힘든 인생살이일지라도 마음의 여유를 가지고, 안되는 외부

조건만 바라보며 낙담하지 말고 스스로 행복을 창조하는 습관을 기르면 좋겠습니다.

아무것도 시도하지 않고 성공하는 것보다는
뭔가 위대한 걸 시도했다가 실패하는 게 낫다.

- 로버트 슐러 목사 -

············ 희정이의 추천도서 ·············

『**무소의 뿔처럼 당당하게 나아가라**』, 스콧 알렉산더, 위너스북, 2020.

잘못된 '감정 습관'을 바로잡자

초등 아이들을 20년간 가르치다 보니 참 신기한 공통점을 발견하게 되었습니다. 부모와 학습 상담을 하다 보면 부모의 감정 상태나 습관이 아이에게 그대로 반영되고, 집중력이나 성적에 큰 영향을 준다는 것을 알 수 있습니다. 가정은 사회 기초생활의 첫 무대인데 부모와 소통이 원활하게 이루어지지 않으면, 친구 관계부터 학습상태까지 큰 영향을 줍니다.

대부분 부모 자신이 어렸을 때 겪었던 어려운 상황이나, 부모에게 사랑받지 못해서 생긴 미해결 문제들을 자식에게 채워 주려고 안간힘을 쓰는 사례가 많습니다. 그러나 자녀는 부모가 주는 과한 사랑에 과부하가 걸리고, 부모는 아이가 예상치 못한 행동을 해서 놀라기도 합니다. 아이들은 양면성을 가지고 있습니다. 가정에서 부모 앞에서 하는 행동과 학

거북이 걸음. 토끼 마음

교나 밖에서 나가서 하는 행동이 다릅니다. 아이들도 자신만의 살아가는 방법을 터득합니다. 그러나 부모의 감정 습관은 버리지 못합니다.

부모가 어릴 때 겪었던 상황을 똑같이 겪는 아이도 있고, 부모와 전혀 다른 행동을 하는 아이도 있습니다. 가족력이 있는 질환 때문에 부모는 하지 않는 행동을 하는 아이도 있습니다. 그러나 부모가 한 행동이나 말, 감정 습관을 그대로 반복해서 하는 아이들이 대부분입니다.

저의 감정 습관을 생각해 보면, 엄마는 늘 걱정하는 습관이 있으셨고, 아버지는 당신이 하는 일이 혼자 하기 벅찰 때 화를 내던 습관이 있었던 것 같습니다. 저도 제 자녀에게 부모님과 똑같은 감정 습관으로 아이들을 대하다 보니, 우리 아이들도 그런 감정 습관이 밴 것 같습니다. 이럴 때면 신이 정말 사람을 기묘하게 만들지 않았나 하는 생각마저 듭니다.

마음이 힘든 분들을 상담하다 보면, 공통적으로 감정의 '잘못된 반복' 습관 때문에 어려움을 겪는다는 것을 알 수 있습니다. 저도 부정적인 무의식 속에서 잘못된 감정 습관을 안고 사느라 시시때때로 참 힘들었습니다. 부모에게 학습된 감정에서 독립하려고 부단히 노력하였는데도 불구하고, 나도 모르게 어느 순간 자연스레 하고 있을 때가 있습니다. 긍정적으로 변화하는 데 2년이 넘는 시간이 걸렸습니다.

박용철 정신건강의학과 원장은, '부정적인 습관을 극복하고 바꾸기 위해서는 새로운 감정과 접할 기회를 늘리고 피하지 말아야 한다. 감정을 만들어 내는 '금단 증상'도 나타난다. 하지만 비난과 질책에 습관이 든 뇌가 비난과 질책이 적어지면 견디기 힘들어 필사적으로 비난과 질책을 찾는다.'라고 합니다. 우리는 이 감정의 금단 순간을 잘 버텨야 합니다. 그리고 내가 선택한 '긍정 감정 습관'이 잘못되지 않았음을 확신해야 합니다. 나에게 진정 도움이 되는 길을 가고 있다고, 100퍼센트 확신해야 합니다.

먼저 자기 자신과 어떤 관계를 맺고 있는지가 중요합니다. 자신과 관계가 건강해야 타인을 대하는 태도, 습관이 점차 변화하여 대인관계가 좋아지기 때문입니다. 잘못된 감정 습관을 바로잡기란 그렇게 쉬운 일이 아닙니다. 하지만, 부정적인 감정 습관을 벗어나고자 마음먹었으면, 과감히 한 발짝 발걸음을 떼어 작은 습관 하나부터 바꾸는 연습을 해야 합니다.

뇌는 내가 평소에 하던 습관을 편안하게 여겨 다시 돌아가려는 습성이 있기 때문에 부단히 반복해서 연습해야 합니다. 저는 개인 상담할 때 부정적인 감정 습관을 없애려고 노력했던 방법을 소개해 보기도 합니다. 자기 성향대로 본인에게 맞는 부정적인 감정 습관을 없애는 방법을 계속해서 찾고 실행해야 합니다.

아동의 사회성 발달에 좋은, '전신 거울 보고 웃기'를 성인에게도 추천합니다. 자신의 표정, 자세를 보고 매일매일 연습하라고 알려 줍니다. 처음에는 어색하지만, 거울을 보고 계속 웃는 연습을 하다 보면 어느 정도 기간이 지나서 자신감이 생깁니다. 그러다가 어느 날은 '내가 제정신이 아닌가?'라는 생각이 들 때도 있습니다. 그래도 매일매일 연습하다 보면 기분도 좋아지고, '생각보다 나는 괜찮은 사람이네.'라는 생각이 드는 날이 옵니다. 그때를 놓치지 말아야 합니다. 거울을 보고 자신감이 좀 생겼다면, 자신이 좋아하는 신나는 음악을 들으며 따라 불러도 보고, 춤을 추어 보는 것도 도움이 됩니다. 저는 가사를 잘 모르는 팝송을 들으며 춤을 취 보기도 하였습니다.

우리의 뇌는 복잡한 것 같지만 사실 단순하다고 합니다. 저는 늘 일어나지 않은 일을 미리 끌어다 쓰며 오만 잡다한 생각을 하던 사람이라 단순한 뇌로 만들기 위해 부정적인 생각 습관을 차단하려고 상당히 노력하였습니다. 그렇게 해야 우울한 감정 습관이 덜 오기 때문이었습니다. 자녀, 남편과 문제가 없을 수는 없지만, 문제가 있을 때마다 제 마음속으로 생각하고 소리 내어 "슬픈 감정 멈춰. 감정 분리. 현재에만 집중하자."라고 소리 내어 외쳤습니다. 소리를 내어서 말해야 나의 뇌가 그대로 입력하고 부정적인 감정 습관을 긍정적인 감정 습관으로 바꾸어 주기 때문입니다.

처음에 부정적인 감정 습관을 긍정적으로 바꾸려고 시도할 때 가족들이 비웃었습니다. '엄마가 좀 이상하다. 미친 것 아니냐?'라고 남편과 아이들이 말할 정도였습니다. 갑자기 웃었다가 노래 부르고 춤추고 하니,

평소 하지 않던 행동을 하는 제가 이상하게 보일 수밖에 없었을 것입니다. 그저 감정 기복이 심한 갱년기 아줌마로도 보았습니다. 저는 제 감정과 사투를 벌이고 있었는데 말입니다.

가족들이 비웃든 말든 저의 뇌와 계속 전투하였습니다. 매일 웃기만 한 것은 아닙니다. 가족들 몰래 자주 펑펑 울기도 하였습니다. 그러고는 오뚝이처럼 다시 일어나 "실컷 울고 나니 시원하다. 오늘 하루를 또 즐겁게 즐겨 보자."라고 소리 내어 말하였습니다. 또 "기분이 좋다. 오늘은 또 어떤 좋은 일이 일어날까? 설렌다. 하하하하!" 하고 소리 내어 웃으며 전신 거울 앞에서 스스로에게 윙크를 해주기도 하였습니다.

그렇게 2년을 넘게 피나는 노력을 하다 보니, 현재는 우울, 걱정, 불안, 슬픔에서 80퍼센트쯤 벗어날 정도로 감정 조절을 하게 되었습니다. 부정적인 생각 20퍼센트는 제 의지와 상관없이 육체적인 한계를 극복하지 못할 때, 올라오곤 합니다. 그러나 3년이라는 긴 시간 동안 습관을 형성하다 보니 긍정적인 생각으로 돌아오는 시간이 빨라졌습니다. 여러분도 여러분만의 감정 조절법을 찾아보면 좋겠습니다.

거북이 걸음, 토끼 마음

반복이 습관을 만들고

습관이 오늘의 기분을 결정짓습니다.

– 박정신건강의학과 박용철 원장 –

········· 희정이의 🎀 추천도서 ·········

『감정은 습관이다』, 박용철, 유노책주, 2023.

"

3

나만의
회복탄력성
키우는 방법

슈퍼 거북이, 슈퍼 토끼 중 나의 모델은?

그림책『슈퍼 토끼』(유설화)에 이어 '슈퍼 거북'은 어떻게 지냈을까요? 토끼를 이기니 마냥 즐겁고, 사람들의 환호와 존경만을 즐겼을까요?

출발선에 선 거북이는 토끼에게 "내가 느림보라고? 길고 짧은 건 대봐야 알지."라고 당당하게 말합니다. 달리기는 시작되었고, 역시나 토끼는 빨리 뛰어가며 거북이에게 한마디 던지고 쌩 가버립니다. "거봐, 어림도 없잖아."

거북이는 이 소리를 들었을 때 기분이 어땠을까요? 아마도 자존심이 상하고, '내가 괜한 오기를 부렸나? 그만둘 걸 그랬나.'라고 생각했을지도 모릅니다.『슈퍼 거북』(유설화) 이야기를 조금 하면, 경주에서 이긴 거북이는 스타가 되자 평소에 자신을 놀려 대던 이웃 동물들은 거북이를 축하해 주면서도 놀라워합니다. 그러나 몇몇 동물은 거북이를 주시하며 "슈퍼 거북이 맞아? 너무 느리잖아?"라고 수군대기도 합니다. 슈퍼 거북은 그 소리를 귀담아들으며 자신을 인기스타로 여기는 동물들이 실망할까 봐 걱정하게 됩니다.

슈퍼 거북은 마음을 단단히 먹고, 동물들이 실망하지 않도록 진짜 슈퍼 거북이가 되기 위해, '빠르게 살자'라고 쓴 머리띠를 하고, 도서관에 가서 빨라지는 방법에 관한 책도 읽고 따라 하기 시작했습니다. 날이면 날마다 더 빨라지려고 안간힘을 쓰며, 비가 오나 눈이 오나, 바람이 부나 하루도 빼먹지 않고, 해가 뜰 때부터 달이 질 때까지 훈련했습니다. 결과는 어땠을까요? 피나는 노력을 한 끝에 거북이는 진짜 '슈퍼 거북이'가 되어서 빠르게 달렸습니다. 주변 동물들은 혀를 내둘렀습니다.

거북이는 사실 볕도 쬐고 책도 보고 꽃도 가꾸며, 예전처럼 천천히 걷고 싶고, 푹 쉬고 싶었습니다. 하지만 인기스타가 되어 다른 동물들의 시선과 기대에 부응하느라 쉴 새 없이 노력에 노력을 더하였습니다. 어느 날 아침, 거북이는 자기 얼굴을 거울로 보고 깜짝 놀랐습니다. 한 천 년은 늙어 버린 것 같았기 때문입니다.

그러던 어느 날 토끼가 찾아와 경주를 다시 하자고 도전장을 내밉니다. 거북이는 사실, 슈퍼 거북이가 되느라 너무 노력해서 경주의 'ㄱ' 자도 듣고 싶지 않았습니다. 하지만 주변 동물들이 둘이 경주한다고 소문내는 바람에 마지못해 경주에 나가게 됩니다.

토끼와 거북은 승자를 가리기 어려울 정도였는데, 밤낮없이 피나는 노력을 한 거북이가 더 재빠르게 달렸습니다. 토끼가 오는 것이 보이지 않자, 연습하느라 여러 날 잠을 설친 거북이는 너무 피곤해서 나무 그늘에서 잠시 낮잠을 자고 맙니다. 거북이가 눈을 떴을 때는 이미 토끼가 결승점을 지난 뒤였지요. 토끼는 주변 동물들에게 '역시 달리기는 토끼야.'라는 소리를 들으며 축하와 환호를 받습니다. 그러나 거북이는 자신을 거들떠보지 않는 동물들을 뒤로 한 채, 아주 오랜만에 단잠에 빠져들며 이야기는 끝이 납니다.

'슈퍼 토끼'와 '슈퍼 거북이' 이야기를 들으니, 여러분은 어떤 생각이 드나요? 여러분들은 '슈퍼 토끼' 같은 인생을 살고 있나요? '슈퍼 거북이' 같은 인생을 살고 있나요?

고통이 남기고 간 뒤를 보라!
고난이 지나면 반드시 기쁨이 스며든다.
-괴테-

인생의 행로는 내 속도에 맞춰 달려가야 합니다. 인생길에 돌발 상황이 생겨 급브레이크를 밟아야 할 때도 있고, 넘어져 정신을 차리기 힘들 때도 있습니다. 그때 정신을 차리기보다는 놀람으로 한동안 멍한 상태로 있기도 합니다. 시간이 좀 지나면 해결되기도 하지만, 막상 당시는 황당

거북이 걸음, 토끼 마음

함, 막막함, 억울함, 좌절, 서러움이 차례로 다가올지 모릅니다. 코로나19 바이러스처럼 미처 대처하기도 전에 내 인생의 방해꾼을 만난다면 참 난감한 일이 아닐 수 없습니다.

대부분 사람이 인생 방해꾼 때문에 아파하고 힘들어합니다. 저도 갑작스러운 수술과 첫째 아들 대학 진학 문제로 적잖은 충격과 어려움을 겪었습니다. 어려움에 닥치면 그 상황을 벗어나기 위해 회복의 길을 찾아야 하지만, 그 길을 찾기란 그리 쉬운 일이 아닙니다.

여러분은 어려움을 당할 때, 어떤 것을 먼저 선택하시나요? 저는 어려움을 당할 때마다 공부를 선택했습니다. 큰아이가 아팠을 때도 공부를 시작했고, 2년 전 수술 후에도 그랬습니다. 우울한 감정을 달래거나 없애기 위해 저마다 자기에게 맞는 방법을 찾아야 합니다. 회복 속도와 기간은 다르지만 자기만의 회복탄력성을 키워야 합니다. 회복탄력성을 키우기 위해서는 먼저, 심호흡을 크게 하며 마음의 안정을 찾아야 합니다. 그렇게 해야 앞으로 가야 할 방향과 힘이 생깁니다.

거북이는 걸음이 느립니다. 그런데 '슈퍼 거북이'처럼 타인의 인정과 시선에 맞추는 인생을 사느라, 자기 신체 특성을 고려하지 않고 무리한 인생을 선택해서 나아간다면 '번아웃'이 올지 모릅니다. 걸음은 느리지만 자신의 속도와 삶의 흐름대로 나아간다면, 천적을 만나 먹히지 않는 이상, 언젠가는 자신이 가고자 하는 목표, 바다에 도달하여 건강하고 장수

하며 살게 될 것입니다.

감정의 쓰나미가 일어날 때는 신체에 변화가 일어납니다. 두통, 복통, 아드레날린 분비, 스트레스 호르몬인 코르티솔 분비, 혈압과 혈당 상승, 맥박이 1분에 95회 이상 뛰는 빈맥 등의 증상이 나타납니다. 전두엽으로 피가 가지 않아 정상적으로 생각하고 판단할 수 없게 됩니다. 무슨 일을 하든 감정 변화가 심하여 감정 조절이 잘되지 않는다면, 가장 먼저 내 몸에 피해가 갑니다. 그러므로 감정 조절은 살아가면서 아주 중요한 일입니다.

인생을 살아가면서 어려운 일을 해결하는 것보다 중요한 것은, 평소에 꾸준한 '관리'를 하는 것입니다. 감정 조절을 하는 방법에는 가벼운 걷기 운동, 맛있는 음식, 쇼핑, 독서, 명상 등이 있고, 자신에게 맞는 방법을 선택해서 하면 좋습니다. 남들이 좋다고 해서 나에게 맞는 것은 아닙니다. 나의 건강과 여건, 신체 상태를 보고 매일 조금씩 실천하는 것이 중요합니다. 힘든 감정에 매몰되어 헤어 나오지 못한다면, 우울증이나 건강 악화로 이어질 수 있으니 감정을 잘 조절하고 회복할 수 있는 '나만의 방법'을 찾아야 합니다.

회복탄력성은 누구나 내면에 지니고 있습니다. 특별한 사람만이 회복탄력성을 갖는 것이 아닙니다. 단지, 계발해 본 적이 없거나 방법을 몰라 그 능력이 잠재되어 있을 가능성이 높습니다. 회복탄력성에 관한 많은 저서가 있지만, 그중 『하버드 회복탄력성 수업』(게일 가젤)에 대해 알려 드리 겠습니다. '게일 가젤'은 여섯 가지 방법 — 대인 관계, 유연성, 끈기, 자기 조절, 긍정성, 자기 돌봄 — 으로 회복탄력성을 기울 수 있다고 합니다. 여러분은 여섯 가지 방법 중 몇 가지를 실천하고 있나요? 여자들이 회복 탄력성을 키우기 위해서 가장 접근하기 쉬운 방법은 대인관계입니다. 인 간은 사회적 동물이기 때문에 혼자서는 살아 나아가기가 어렵습니다. 마 음에 맞는 사람들과 맛있는 식사를 하고 수다를 떠는 것만으로도 회복 탄력성을 키울 수 있습니다. 실제로 심리적 외로움은 신체활동이 부족한 만큼 심혈관계 질환과 뇌졸중에 영향을 미친다고 합니다.

회복탄력성은 한 번에 키울 수 없습니다. 고무줄처럼 늘어났다 줄어 들기 때문에 꾸준히 노력해야 합니다. 단거리 달리기를 하는 것이 아니라 마라톤하듯, 자신만의 속도로 인생을 걸어가야 합니다. 항상 내 삶의 주 인은 나 자신임을 잊어서는 안 됩니다.

나만의 회복탄력성 키우는 방법

열심히 99도까지 온도를 올려놓는다고 해도

마지막 단 1도를 넘기지 못하면, 물은 영원히 끓지 않는다.

물을 끓이는 것은 마지막 1도이기 때문에

포기하고 싶은 바로 그 1분을 참아 내야 하는 것이다.

– 피겨여왕 김연아 –

희정이의 추천도서

『하버드 회복탄력성 수업』, 게일 가젤, 현대지성, 2021.

정신적·육체적 건강이 우선이다

딸과 소통하기 위해 SNS를 시작했지만, 저는 건강도 찾고, 제2의 인생도 찾게 되었습니다. 그런데 늦바람이 무섭다고 SNS를 시작하다 보니, 사진이나 동영상을 올려야 할 일이 많아져 핸드폰을 잡고 있는 시간이 길어졌습니다. 10시간 동안 핸드폰만 하는 날도 있었습니다. 나만의 콘텐츠를 찾는다는 이유로 이것저것 살피다 보니 장시간 동안 핸드폰을 하게된 것입니다. 설렘도 있고, 재미도 있었지만, 무엇인가 정보성 글을 올려야 한다는 압박감이 들기도 하였습니다. 일단, 건강을 돌보기 위해 한약을 먹었습니다.

한의사님은 두 가지 처방을 했습니다. 하나는 20분씩 막춤을 추는 것이었고 다른 하나는 풍선 치기였습니다. 음악 듣는 것을 좋아하기는

나만의 회복탄력성 키우는 방법

하지만, 몸이 유연하지 못해 춤추는 것을 별로 즐기지 않는 편입니다. 한 의사는 아무리 좋은 한약도 운동하지 않고 먹으면 그다지 효과가 없다고 하였습니다. 그래서 운동 삼아 신나는 음악을 틀거나 딸이 추천해 주는 영상을 TV에 연결하여 따라 해보기 시작하였습니다. 처음에는 가족들이 '꼴불견이다.'라고 하더니 어느 날은 딸, 아들, 남편까지 온 가족이 춤을 추기도 했습니다. 눈엣가시였던 딸이, 핸드폰 활용도 잘하고 엄마를 잘 도와주니, 딸에 대한 부정적 시각이 줄어들었고 긍정적인 눈으로 바라보게 되었습니다. 시각을 1도만 바꾸었을 뿐인데, 딸이 얼마나 대견스럽고, 대단해 보이는지 기나긴 시간 싸워 온 '악의 고리'가 끊기기 시작하였습니다.

사람 마음이란 참 간사하기 짝이 없습니다. '역지사지'라는 사자성어가 있습니다. 어떠한 상황에서 처지를 바꿔 생각해 보라는 뜻입니다. 처지를 바꿔 보지 않으면 상대를 이해하기란 참 어렵습니다. 우연히 발을 들여놓은 SNS는 저의 '온라인 건물'이 되었고, 저의 명함이 되어 수많은 공부를 하게 되었습니다. 꾸준히 공부하다 보니 상담사, 코치, 강사, 작가 등으로도 활동하게 되었습니다.

SNS에 부모 교육 글 올리기와 '부모, 자녀의 원활한 관계' 등 부모 상담 소통 방송을 하면서 수많은 공부를 하다 보니 알게 된 사실이 있습니다. 자녀가 부모가 자라온 환경과 연결이 된다는 것입니다. 부모는 자신도 모르게 자녀에게 부정적 무의식을 심어 주었습니다. 물론, 부모의 잘

못은 아닙니다. 부모도 부모에게 학습된 대로 자녀 양육을 하다 보니, 자녀와 대화가 불통이 되고 서로 서운한 관계가 된 것입니다.

국내 최초 뇌과학자이자 정신과 의사이신 이시형 박사님의 『행복도 배워야 합니다』라는 책을 보면 뇌와 관련한 정보가 많이 나와 있습니다. 그중 기억나는 것은 '장뇌상관'입니다. 장과 뇌는 연결되어 있기에 뇌를 잘 활용하면 건강하고 행복한 인생을 살 수 있다는 말입니다. 우리가 뇌에 관한 전문적 지식을 조금만이라도 알고 행동으로 실천한다면, 웬만한 병은 거의 다 고칠 수 있습니다. '마음먹기에 달려 있다.'라는 말이 딱 어울리는 표현입니다.

이 책에는 행복 물질인 '세로토닌'에 대한 설명이 나옵니다. 행복 물질인 세로토닌을 활성화하면 우울증이 자연 치료됩니다. 우울감이 너무 심한 경우 약을 먹는 것이 좋지만, 가벼운 상태라면 일상생활에서 가벼운 운동과 행동만으로도 충분히 건강한 정신과 몸 상태를 유지할 수 있습니다. 일상생활에서 자연 치유할 수 있는 방법을 몇 가지 알려 드리겠습니다.

첫째, 규칙적인 식사를 합니다. 규칙적인 식사는 대단히 중요한 세로토닌 기법입니다. 일상적인 식사에는 포도당, 필수아마노산인 트립토판, 비타민 B6 등 세로토닌 원료가 되는 물질이 골고루 포함되어 있어서, 일반 식사를 규칙적으로 하는 것만으로도 충분히 영양을 보충할 수 있습니다. 단, 꼭꼭 씹어서 먹어야 하며, 즐거운 마음으로 식사하는 것이 좋습니다. 출근하느라 바쁜 분들은 하루에 견과류 한 봉, 살짝 데친 나물, 사과, 당근 주스 등을 먹기를 추천합니다.

둘째, 햇빛을 받으며 하루에 20분 산책합니다. 아침 10시 이전, 신선한, 아침 태양 광선을 받으며 20분 정도만 산책해도, 여자들은 비타민 D, 칼슘 부족으로 인한 골다공증을 걱정하지 않아도 됩니다. 이 습관 하나만 가져도 밝고 건강한 심신을 만들 수 있습니다. 아침에 여건이 되지 않는 분들은 점심 식사 후 5분만 걸어도 소화 흡수를 돕고, 오후의 일을 활력 있게 할 수 있습니다. 저녁에 30분 정도만 걸어도 하루의 피로를 줄일 수 있고, 숙면을 취하는 데 도움이 됩니다.

셋째, 리듬 운동을 합니다. 율동이 있는 운동은 특히 세로토닌 생성에 아주 효과적입니다. 어떤 운동이든 리듬감을 살리면서 운동을 하면 세로토닌이 활성화됩니다. 큰돈을 들이지 않고, 집에서 빠른 템포의 음악을 TV와 연결해 춤을 따라 하기만 해도 큰 도움이 됩니다.

넷째, 스킨십과 그루밍입니다. 사람은 사회적 동물입니다. 혼자서는 살아갈 수가 없습니다. 반가운 사람을 만나 악수, 포옹, 어깨동무를 하거나, 좋은 사람들끼리 함께 식사하며 수다를 떠는 것도 세로토닌을 활성화하는 데 큰 도움을 줍니다.

다섯째, 감사하기입니다. 감사는 우리 마음을 한없이 편안하고 행복하게 합니다. 사소한 것에도 감사하면 우리 몸에 근본적인 변화가 일어납니다. 물은 우리 몸의 70퍼센트를 이루고 있는데, 각 세포 또한, 70퍼센트가 물로 되어 있습니다. 한 예로 '물 실험' 결과가 있는데, 똑같은 컵에 물을 넣고 한쪽 컵에는 '감사'라는 글을, 다른 한쪽에는 '바보'라는 글을 써 붙였습니다. 물컵에는 어떤 변화가 일어났을까요? 결과는 놀라웠습니다. '감사'라고 써붙인 물컵은 물 분자가 완전한 정육각형의 맑은 물로, '바보'라고 써붙인 컵은 흐릿하고 더러운 물로 바뀌었습니다. 이렇듯 말한마디와 습관이 자신을 살리기도 하고 죽이기도 합니다.

여섯째, 밝은 미소를 짓고 고운 말씨를 사용해야 합니다. 가벼운 미소를 짓는 것만으로도 공격적인 회로가 사라지고 얌전한 회로가 생겨납니다. 화가 날 때 나도 모르게 입이 모이면 뇌는 화가 났다고 인식하고 스트레스 호르몬인 코르티솔을 분비합니다. 화가 나는 상황이거나 평소 습관이 화난 표정이라면 의식적으로 미소 짓는 연습을 하는 것이 좋습니다. 또한 밝은 인사, 밝은 미소, 고운 말씨는 인격의 척도이기도 하고, 이런 행동을 할수록 호흡도 고와져 온몸에 긴장이 풀리면서 한결 편안하게 됩니다.

집단 상담 수업 때, '실패와 실수에서 발견하는 의미'를 주제로 한 수업을 들은 적이 있습니다. 우리 삶은 실패와 실수투성이지만, 그 속에서 삶의 의미를 깨닫고 어려운 상황을 오히려 성장의 계기로 만들면 됩니다. 고통은 나의 스펙이 되기도 하고, 오히려 새 생명을 얻을 좋은 기회입니다. 나를 믿고 끊임없이 노력하는 삶의 자세와 태도가 필요합니다.

왜 살아야 하는지를 아는 사람은

어떤 상황도 견뎌낼 수 있다.

– 니체 –

················· 희정이의 🎀 추천도서 ·················

『행복도 배워야 합니다』, 이시형, 특별한 서재, 2021.

삶에 변화가 필요하세요?

'내 삶의 의미는 무엇인가?'라는 질문을 던져 본 적이 있나요? 인간이라면 누구나 한 번씩은 생각해 보는 질문일 것입니다. 부모 상담을 하다 보면 내담자마다 사연 없는 가정이 없습니다. 모양만 다를 뿐, 집안의 크고 작은 고민과 사연, 상처가 다 있습니다. 위로와 격려, 사랑을 받으며 쉼터가 되어야 할 가정인데, 여러 문제로 가족과 얽히고설켜 사회보다 더 메마르고 긴장이 연속된 상태로 살아갑니다.

저는 몸과 마음이 벼랑 끝에 있을 때마다 나약한 정신의 노예가 되어 있었습니다. 그런 상태에서 '삶의 의미'를 찾기란 쉽지 않습니다. 코앞에 닥친 문제도 해결하지 못하고 허덕이고 있는데, 긍정적으로 생각하기란 사막에서 오아시스를 찾는 것과 같습니다.

거북이 걸음, 토끼 마음

모든 일에는 의미가 있습니다. 크든 작든 스스로 가치를 느끼며 할 수 있는 일이라면, 더할 나위 없이 행복한 일입니다. 주부들이 제일 힘들어하는 육아와 살림을 예로 들어 보면, 주부는 가사를 돌보면서 그동안 경험해 보지 못한 일들을 쉼 없이 하게 됩니다. 내 삶에 코치가 있어서 코치를 받아 단계별로 에이스 과정을 밟아 가며 내 삶을 척척 잘 살아 나아간다면 얼마나 좋을까요?

사람마다 생각, 성격, 기질이 제각각 다른 데다가 자라 온 가정 환경까지 다릅니다. 내가 익히고 본 대로 삶을 살아가게 됩니다. 부모에게 물려받은 부족한 가정 환경을 내가 좀 더 나은 환경으로 만들어 보겠다고 열심히 가꾸며 잘 살아가는 이도 있습니다. 인생 계획표대로 환경이 잘 따라와 준다면 금상첨화겠지만 그러지 못한 경우가 더 많습니다. 부모에게서 독립하지 못한 환경은 나 자신을 망치거나 자녀, 타인의 삶까지 옭아맵니다. 어느 순간 정신적 공황이 오기도 합니다. 돕는 사람이 있고 그 수고와 힘듦을 조금이라도 알아주고 믿어 준다면 삶이 질이 좋아집니다. 그러나 자신과 싸움하며 육아, 일을 병행하는 '원더우먼'으로 살아가는 부모라면 정신적, 육체적 고통은 이루 말할 수 없습니다.

우리가 살아가면서 무의식을 통제하는 것은 아주 중요합니다. 내 안의 응어리가 풀리지 않고 내 삶의 만족도가 낮다면, 내 안의 부정적인 무의식을 알아차리고 이해해야 합니다. 그리고 부정적 무의식을 완전히 제거할 수 있도록 매일매일 조금씩, 부단히 노력해야 합니다. 몇십 년 묵어

온 것을 한 번에 싹둑 잘라 도려낼 수 있으면 좋겠지만, 무의식 통제는 단번에 하기 어렵습니다. 책, 명상, 운동, 여행, 상담을 통해서라도 부정적 무의식을 없애야 합니다. 자녀를 양육하는 부모라면, 자녀에게 대물림되는 것을 막기 위해서라도 적극적으로 노력해야 합니다. 사랑하는 자녀가 부모처럼 힘들어하는 삶을 살아가도록 되풀이해서는 안 되기 때문입니다.

내 삶의 의미와 가치를 깨달으며 행복한 삶을 살기 위해서는, 내 삶의 주인으로 살아가야 합니다. 그리고 애써서 찾아야 합니다.

의미치료 창시자인 빅터 프랭클은 삶을 가치 있게 살아가는 방법을 세 개의 영역으로 나누어 설명합니다. 부모 상담을 할 때도 아주 효과적인 방법입니다. 삶의 의미와 가치를 찾아가는 방법을 알려 드리겠습니다.

첫째, 창조 가치가 있습니다. 이것은 창조적인 일을 통해 얻는 의미입니다. 유형이든 무형이든 가치 있는 뭔가를 창조하는 행위입니다. 일, 육아, 교육, 예술 활동이나 학문, 사업이나 봉사 활동에 몰두함으로써 자기 속에 잠들어 있는 힘을 자각하고, 이를 믿고 거기에 자기를 맡기고 살아가는 것입니다. 그러기 위해서는 우선 내 삶을 들여다보는 것부터 출발해야 합니다.

둘째, 체험 가치가 있습니다. 체험 가치란 체험을 통해 얻는 의미입니다. 창조 가치가 '능동적 체험'이라면 체험 가치는 '수동적 체험'인데 자연체험, 예술체험 등 다양합니다. 이러한 체험을 통해 크게 감동하고 즐거워하며 사랑에 빠지듯 푹 빠져드는 것을 말합니다.

셋째, 태도 가치가 있습니다. 태도 가치는 운명에 대해 모범적인 태도를 취함으로써 얻어지는 의미입니다. 고통과 절망적인 상황에서도 모범이 되는 생각이 솟아나는 '고결한 태도'를 취함으로써 태도 가치를 달성할수 있습니다. 자기가 괴로워도 모범적이고 고결한 태도를 실천한다는 것은 쉬운 일은 아닙니다.

피할 수 있는 고통은 피해야 하지만, 피할 수 없는 고통에 처해 있는 상황이라면, 우리는 그 속에서도 감사를 찾고 긍정적인 태도를 보이며 살아갔으면 좋겠습니다.

삶에 고통이 닥쳤는데 감사하며, 긍정적인 생각까지 찾는 데는 오랜기간이 걸릴 수도 있습니다. 마음에 상처가 났는데 아픔을 참고 웃으며감사할 수 있는 사람이 몇이나 될까요? 사실 저도 입원과 수술을 하지 않았더라면 쉼 없이 스트레스를 받으며 살았을지도 모릅니다. 당시는 몸이너무 좋지 않아 부정적인 생각과 나를 짓누르는 생각이 스스로를 힘들게했지만, 3년이라는 시간이 지나갈 때야 비로소 온전히 감사하는 마음과긍정적인 삶의 태도를 가질 수 있게 되었습니다.

상담 동기 선생님들이 입을 모아 하는 말이 있습니다. "내가 세상에서 가장 힘들고 어렵게 사는 줄 알았는데, 행복한 삶을 살고 있네."라고 고백합니다. 2년여 동안 집단 상담을 공부하면서 깨달은 바가 큽니다. 학력이 높으나 낮으나, 좋은 직업이 있으나 없으나 삶의 허무함은 다 가지고 있었습니다. 각자 걱정과 상처의 모양과 크기만 다를 뿐, 어려움을 견디며 살아가고 있습니다.

빅터 프랭클이 창시한 의미치료에서는 삶의 허무함을 '실존적 공허감'이라고 합니다. 나이에 상관없이 실존적 공허감을 겪지 않으려면 넘실대는 파도처럼 역동적인 삶을 살아야 합니다. 끊임없이 노력하고 내 삶에서 중심이 되는 일을 찾아야 합니다.

요즘은 특히나 뇌에 관심이 커졌고, 뇌과학과 관련한 책이 많이 보입니다. 뇌는 나의 소리를 가장 좋아합니다. 그만큼 나의 부정적인 무의식 통제는 아주 중요합니다. 진화심리학자들에 의하면, 유전자와 후천적 경험이 5:5 정도 비율로 작용하지만, 사람은 후천적으로 긍정적 경험을 하면 얼마든지 좋게 변할 수 있다고 합니다. 현재에 부정적인 무의식이 나를 짓누르고 있다면, 긍정 암시를 통해 충분히 좋은 경험으로 만들 수 있습니다.

과거의 실수를 바로잡고 더 나은 인간으로 변화해 나아가기 위해서는 타인의 기대대로 살거나 남을 의식하는 삶이 아닌, 내가 삶의 주인이 되어 책임 있게 살아가야 합니다. 그렇게 해야 내 삶의 주인공으로 연출하며 살 수 있습니다.

저는 가르치는 직업을 오래 하면서 다양한 부모님과 학생을 만나 왔습니다. 저 자신도 자녀를 양육하며 수많은 고민이 있었습니다. 어른으로서 인격 형성이 덜 된 상태에서 아이들을 지도하다 보니 미숙한 점도 있었습니다. 가정마다 다양한 상처가 있는 아이들을 가르치면서 전문적 지식이 필요하다는 것을 절실히 느끼게 되었습니다. 아침에 눈을 뜨면 감사하고 즐거워야 하는데, 어느 아이가 떠오르고 '오늘은 또 어떤 일이 벌어질까?'라는 생각에 머리가 지끈지끈 아파져 오는 날도 잦았습니다. '짜증과 화'는 나에게 당연히 있는 세트 메뉴와 같은 것이었습니다. '짬짜면'이라고나 할까요? 사춘기라지만 어쩌면 그렇게 기본도 안되는 짓을 하는지, 내 상식으로는 도통 이해가 가지 않는 상황도 있었습니다. 아이의 행동을 보면 화가 났지만, 아이의 말을 들어 보면 이해가 되기도 하였습니다.

아이들은 양면성이 있어서 집에서 하는 행동과 밖에서 하는 행동이 다릅니다. 부모에게 인정받지 못하는 아이는 어떻게든 선생님에게 관심과 보살핌을 받기를 바랍니다. 시샘이 많은 아이도 있고, 집에서는 부모님이 엄격하니 자유롭게 행동하지 못하다가 공부방에만 오면 자유를 맘껏 펼치는 아이도 있었습니다. 공부에 방해가 되든 말든 신경 쓰지 않고 떠드는 아이도 있습니다.

아이들에게 잘해 주되, 정확한 규칙과 선은 있어야 합니다. 아이들은 어른들을 역이용하기도 합니다. 부모도 사람이다 보니 AI처럼 늘 규율에 맞게 교육할 수는 없습니다. 그래도 가정 규칙을 명확히 만들어 보는 것이 좋습니다. 일주일에 한 번씩 모여 가족회의를 하는 것도 좋습니다. 각자 전반적인 이야기를 하고, 집안 청소나 분리배출 등 역할을 분담하는 것도 아이에게 독립심을 키워 주는 방법 중 하나입니다. 민주적인 가족회의는 아이들의 사회성 발달에도 좋고, 부모와 대화를 통해 아이들의 정서가 안정되어 학습 능력도 향상되고, 자존감 높은 아이로 성장할 수 있게 합니다. 건강한 아이를 양육하려면 부모의 정신적, 육체적 건강과 삶에 대한 모범적인 태도가 아주 중요합니다.

인간에겐 절체절명의 마지막 위기 순간에

발휘되는 최후의 힘이 비장되어 있다.

– 빅터 프랭클 –

········ 희정이의 ⬩ 추천도서 ········

『내 삶의 의미는 무엇인가』, 이시형, 박상미, 특별한 서재, 2020.

자기 효능감을 키워야 합니다

우리는 자신의 감정을 얼마나 잘 파악하고 살까요? 삶의 전쟁터에서 나의 감정을 솔직하게 표현하기보다는 불편한 감정을 느껴도 억압하고 맙니다. 저도 어렸을 때부터 불안이나 두려움으로부터 나를 지키기 위해 감정을 억압하며 살아왔습니다. 자칫 자신의 감정을 솔직하게 표현했다가는 미움을 받거나 손해를 보거나 위험해질 수도 있다고 생각하기 때문입니다.

무의식 속에 표현하지 못한 불편한 감정이나 화를 차곡차곡 쌓다 보면 시간이 지날수록 가스가 차오르듯 압력이 세어집니다. 뚜껑을 꽉 닫아 놓았다고 생각했는데, 서운함과 불공평함을 계속 느끼다 보면 감정이 제어되지 않아 폭발하고 맙니다. 무의식 속 분노 에너지가 표출되지 못하면, 나 자신을 공격하여 우울증에 빠지고 맙니다. 그러다 보면 감정이 무감각해지면서 감정을 세밀하게 느끼지 못합니다.

나 자신과 관계가 좋고 편해야 타인과 관계도 생각해 볼 수 있습니다. 나 자신을 보호할 만큼 튼튼한 마음의 힘이 있어야 하고, 적당한 개방성과 유연성도 있어야 합니다.

자기 효능감이란 무엇일까요? 자신이 어떤 일을 성공적으로 수행할 수 있다고 믿는 기대와 신념입니다. 자기 삶의 방향을 스스로 선택하고 결정할 수 있는 자유가 있어야 합니다. 그래야 내가 어떠한 일을 할 때, 작은 성공의 경험을 맛볼 수 있고, 큰 성공에도 도전할 힘이 생깁니다.

여러분들은 지금까지 살면서 흡족한 작은 성공을 경험해 보셨나요? 가족들을 위해 긴 시간 요리했는데, 맛있게 먹어 주었을 때 느끼는 뿌듯한 감정이 될 수도 있습니다. 작은 계획일지라도 내가 목표하고 이루면 모두 효능감을 키우고 높일 수 있습니다. 또한 회복탄력성도 키울 수도 있습니다.

효능감을 키우려면 누가 강요해서 되는 것이 아니고, 자신만의 방법으로 나를 단단하게 지키는 '마음 연습'을 해야 합니다. 단단한 마음도 훈련으로 만들어집니다. 인간의 뇌는 현실과 상상을 구분하지 못하기 때문에 자신에게 생각이나 의도를 주입하여야 합니다. 효능감을 살리려면 의지와 상상이 서로 일치하도록 노력해야 합니다. 의지와 상상이 일치하면 그 힘은 곱해진 만큼 커집니다. 무의식 속 상상은 마음에 따라 움직이기 때문에 긍정적인 자기암시를 하기 위해 필사적으로 노력하고, 이겨 내야 합니다. 조금만 틈을 주면 부정적인 무의식이 나를 지배하기 때문에 잠시라도 틈을 주어서는 안 됩니다. 뇌는 나의 소리를 가장 좋아하기 때문에 좋은 것을 듣고 말하도록 노력해야 합니다.

여러분들은 우울한 나를 일으켜 세우기 위해서 어떻게 행동하고 어떤 방법을 쓰나요? 저는 우울하고 의욕이 저하 되는 날이면 유튜브를 봅니다. 유튜브가 유행하기 전에는 드라마를 보며 주인공의 삶을 내 삶에 비춰 보기도 하고, 넋 놓고 TV를 보며 우울함을 달래기도 하였습니다. 우울함을 달래기 위해 찾은 또 한 가지 방법은 종교 서적을 반복해서 읽고 기도하며, 마구 울부짖는 일이었습니다.

자녀가 어릴 때는 육체적, 정신적으로 피로해 하루하루가 어떻게 지나가는지 몰랐습니다. 결혼한 것을 후회하는 날도 많았고 남편에게 서운함도 많았습니다. 현모양처라는 꿈이 산산이 부서지는 날도 있었습니다. 우울함이 찾아오는 날이면 누구도 위로가 되지 않고, 그저 눈물만 흐르고 하루하루가 지옥 같다는 생각이 들 때도 있었습니다. 눈물과 콧물이 섞여 버무려지는, 그런 날들을 보내다 보니, 어느덧 자녀는 어느 정도 성장하고, 자기 일을 스스로 헤쳐 나갈 수 있는 나이가 되었습니다. 자녀가 어느 정도 크고 나니 육체적 피로는 좀 나아지고 정신적인 피로만 조금 있습니다.

거북이 걸음, 토끼 마음

고통을 이겨 내는 데에도 단계가 있는 것 같습니다. 불의의 사고로 장애가 생긴 사람들에게도 고통을 이기는 단계가 있다고 합니다. 저는 처음에 바보 같은 나 자신이 너무 싫고, 어려움에 잘 대처하지 못한 내가 너무 어리석었다는 생각에 밤잠을 이룰 수가 없었습니다. 어리석은 나를 위로하는 길은 가족들 몰래 하염없이 눈물을 흘리며 밤낮으로 펑펑 우는 일이었습니다.

그렇게 석 달이라는 시간을 보내고, 나를 위로해 주는 유튜브를 이것저것 찾아보며 듣기 시작하였습니다. '앞으로 어떻게 나를 잘 데리고 살아 나아갈까?'라는 생각을 하기 시작했습니다. 중2 사춘기 딸이 코로나19로 온라인 수업을 하게 되니, 식사 시간과 화장실 가는 것 외에는 방에서 나오질 않았습니다. 딸은 노크 없이 방에 들어가는 것을 싫어하였습니다. 방은 엉망이고 핸드폰만 보고 있는 딸의 모습만 보고 있자니 속이 부글부글 끓어 마음이 불편하였습니다. 외출도 자유롭게 할 수 없고, 딸과 소통하는 방법을 찾다 보니 SNS를 시작하게 된 것입니다. SNS를 어떻게 시작해야 하는지 딸에게 알려 달라고 했지만 알려 주지 않아서, 네이버를 검색해 가면서 이것저것 누르며 하다 보니 SNS 계정이 만들어졌습니다.

평소 존경하는 유튜버가 SNS 하는 것을 보고, 호기심에 링크를 눌렀습니다. 딸의 반대를 무릅쓰고 기어코 SNS 계정까지 만들어, 그분을 팔로우하기 시작했습니다. 그런데 세상에! 그렇게 신기할 수가 없었습니다.

"야, 이런 세상도 있었구나!" 나는 오로지 한곳에만 머물면서 다른 곳은 보지 않고 살았는데, 시야를 넓히고 만나는 사람이 중요하다는 것을 새삼 깨닫게 되는 순간이었습니다.

'나는 쑥스러움이 많고, 우유부단하며, 선택 장애가 있어.'라고 늘 생각해 왔던 사람입니다. 그런데 자녀가 아파서 그랬는지는 모르지만 삶을 적극적으로 살아 나아가려는 의지는 강하였습니다. 이런 강한 의지로 유튜브 채널, <김미경 TV>의 '열정 대학생'이 되었습니다. '사춘기 딸과 함께할 수 있는 것이 무엇일까?' 생각하고 고민하면서 SNS를 잘할 수 있는 활용법을 배우고, 사진 잘 찍는 기술, 나의 콘텐츠 찾는 방법 등도 수강하였습니다. 나의 미래와 딸의 미래에 대해 생각하고 고민도 하며 공부하였습니다.

사람마다 병을 치료하고 회복하는 방법은 저마다 다릅니다. 저는 3개월을 우울하게 보내며 감동적인 영화나 유튜브 영상을 보다가 슬픈 이야기나 장면이 나오면 실컷 울거나 기도하였습니다. 어느 날 가족들이 없는 시간에 펑펑 울어 보기도 하였습니다. 실컷 울고 나면 답답한 속이 후련해지며 기분이 좋아집니다. 실컷 웃는 것보다 기분이 더 후련하고 마음에 쌓였던 찌꺼기가 싹 씻어 내려가는 기분마저 듭니다.

최근 연구 보고에 의하면 웃음보다 감동의 눈물을 흘리는 것이 힐링 효과가 여섯 배나 크다는 사실이 밝혀졌습니다. 실제로 일본의 암 병동에는 감동의 눈물을 흘리게 만드는 감루 요법이 있습니다. 감루 요법을 사용한 결과 암세포가 실제로 줄어들었다고 합니다.

힘든 일뿐 아니라, 축하, 감동, 영광스럽고 자랑스러운 일이 있다면 내가 한 수고에 박수를 보내고, 감동의 눈물을 실컷 흘려 보는 것도 스트레스 해소에 좋은 방법입니다.

실컷 운 덕분인지 이제는 더 값지고 의미 있게 살아가야겠다는 생각이 들면서 하루하루를 나의 것으로 채우고 바꿔 가는 연습을 하기 시작하였습니다.

첫 번째로는 긍정적 마인드를 찾기 시작하였습니다. SNS를 하면서 저의 다른 모습을 발견하게 되었습니다. '내가 이렇게 새로운 것, 배우는 것을 좋아하는 사람이었나?'라는 생각을 하게 된 것입니다.

두 번째로는 웃음을 찾기 시작하였습니다. 인생을 살아 나아가다 보면 누구나 굴곡은 다 있습니다. 모양과 크기가 다를 뿐이지 영화에서나 일어날 법한, 고통스럽고 비극적 사건이 정말 많습니다. 삶에 비극적인 요소가 많을지라도 부정적인 삶에서 긍정적 삶으로 전환하려는 능력은 모든 사람이 갖추고 있습니다.

우리가 행복해지려면 행복할 이유를 찾아야 합니다. 현재 기가 막혀 죽을 것만 같은 상황일지라도 나를 절대로 포기해서는 안 됩니다. 우리는 누구나 행복해지고 싶고, 웃을 일만 있었으면 좋겠고, 신나는 일만 있었으면 합니다. 행복해지려면, 최선을 다해 살아야 합니다.

여러분은 어떠한 상황에서 웃음이 나오나요? 개그 프로그램이나 코믹 영화를 볼 때, 좋은 일이 일어날 때만 웃나요? 우리가 살다 보면 사실 웃을 일보다는 짜증, 화, 분노할 일이 더 많은 것 같습니다. 일상생활이 같은 패턴으로 계속 흘러가기 때문입니다. 일상생활 속 스트레스는 우리를 무표정, 무감각한 상태로 만들기도 합니다. 매일 반복되는 일상은 어쩔 수 없이 생계를 위해 살아가야 한다는 변하지 않는 현실 때문입니다.

사람들은 새해가 되면 인생의 성공 목표를 세우고, 푯대를 향하여 나아갑니다. 성공이 나를 위해 순순히 따라와 주면 좋겠지만 내가 싫은지 점점 멀어져갑니다. 어느 회사 대표의 말이 기억납니다. "행복해야 성공할까요? 성공해야 행복할까요?' 여러분의 대답은 무엇입니까? 그 대표의 말은 이러하였습니다. "열심히 살아가다 보니 날마다 행복하고, 행복과 감사가 넘치니어려움을 이겨낼 수 있는, 돕는 손길이 연결되어 성공으로 이끌어 가더랍니다."

행복을 추구하기 위해서 첫 번째로 꼽는 것이 경제적 부입니다. 부동산, 주식, 비트코인 등 초등학생도 요즘은 다 아는 사실입니다. 경제적 부를 얻기 위해 노력하다가 좋은 결과를 얻지 못하면 고민만 하다가 지레 겁을 먹고 '이번 생은 망했다. 이번 생은 안되나 보다.'라고 생각하고 삶을 포기하는 사람도 적지 않습니다. 생의 마지막을 앞둔 사람은 하루하루가 귀합니다.

거북이 걸음, 토끼 마음

우리가 경제적으로 여유가 있으면 당연히 편한 점이 많습니다. 그러나 그러하지 않더라도 자신만의 소소한 행복을 찾아야 합니다. 돈을 들이지 않고도 행복과 성공으로 이끄는 방법을 하나 알려 드리면 바로 '웃음'입니다. 사실 주변을 둘러보면 내 일상에 즐거운 일과 웃을 일은 그리 많지 않습니다. 반복되는 일상에 지쳐서 입이 저절로 모여지거나 튀어나옵니다. 엘리베이터를 타서 내 얼굴을 보면 무뚝뚝한 여자가 한 명 서 있을 뿐입니다. 집안에서 말없이 있노라면, 화났냐고 집안 식구들이 눈치를 보며 물어봅니다. 나도 모르는 사이 생긴 습관입니다.

어느 날 무심코 내 모습을 보니, '화난 아줌마'의 모습이라 스스로 깜짝 놀랐습니다. 이러면 안 되겠다는 생각이 들어 미소를 지어 보거나 재미난 강의, 개그 프로그램 등을 보면서 의식적으로 웃기 시작하였습니다. 내 상황을 보면 웃을 일이 그리 많지 않았습니다. 그러나 미소 짓는 연습을 자주 하고, 거울을 보고 혼자 실실 웃으며 나에게 말을 걸어 주기도 하였습니다.

"웃으니 훨씬 예쁘네. 웃는 모습 보니 너도 참 괜찮다. 오늘 하루 신나게 시작해 보자. 너, 멋지다..." 하고 말하며 나에게 환하게 웃어 주었습니다. 실제로 웃음의 효능은 놀랍습니다. 강도나 범죄 경력이 있는 사람들에게 강도질하기 어려운 경우가 언제인지 물었는데, '가게에 들어갔을 때 사장이 활짝 웃으며 인사할 때'라고 대답하였다고 합니다. 웃음은 그만큼 사람의 마음을 부드럽게 순화해 줍니다.

인생을 살아가는 데 웃을 용기가 필요합니다.

세 번째는 내가 할 수 있는 일을 찾았습니다. 최선을 다하여 본업을 운영해 왔습니다. 누가 시키지는 않았지만, 생계를 위해 제 나름으로 사명을 가지고 하였습니다. 매일 즐겁고 보람된 일만 있으면 좋겠지만 예상치 않은 일이 자주 일어납니다. 그런 일들을 꾹 참고 견디었는데, 어느 날 갑자기 고열(39~40)이 나고 아파서 병원을 갔더니 의사 선생님이 깜짝 놀라시며 빨리 입원 치료를 받아야 한다고 해서, 입원 치료를 하게 되었습니다.

그 이후로 이유 없이 고열이 빈번하여지고 급기야 수술하고 나서야 삶의 각도를 틀어 볼 생각과 용기가 생겼습니다. 저는 안정 욕구가 강한 사람이라 크게 불편하지 않으면, 그 자리에서 성실하게 열심히 살아가는 스타일입니다. 또 갑작스러운, 환경 변화를 극도로 싫어합니다. 자녀를 양육하며 잘살아 보겠다는 일념으로 나를 어쩔 수 없이 변화시키고 바꾸며 살려다 보니 탈이 난 모양입니다.

누구나 자신의 성향에 맞고 재미있는 일이 있습니다. 그 일은 나에게 직업과 캐릭터를 만들어주기도 합니다. 여러분은 무엇을 좋아하나요? 어떤 것을 할 때 가장 가슴 설레고 즐거운가요? 저는 생각지도 않은 SNS를 시작하며 배우는 즐거움을 알게 되었습니다. 새로운 정보를 배우고 활용할 때 나의 뇌가 즐거움을 느낀다는 것을 알게 되었습니다. 육체적 회복

거북이 걸음, 토끼 마음

은 덜 된 상태였지만, 딸을 핑계 삼아 SNS를 배우는 즐거움에 빠져, 노년을 대비할 수 있는 제2의 인생을 찾아가기 시작하였습니다.

"당신을 치료할 수 있는 도구는 당신이 가지고 있습니다."

"변화를 일으키는 건 당신의 능력입니다."

네 번째는 습관을 바꾸기 시작했습니다. 습관을 바꾸기 위해서는 구체적인 것을 바꾸고, 무심히 반복하는 무엇인가를 끊도록 노력해야 합니다. 그리고 '나는 운이 참 좋다.'라는 말을 늘 소리 내어 말하면 좋습니다. 성공한 사람들은 한결같이 다른 사람이 성공할 수 있도록 돕고 웃으며 감사하라고 합니다. 쉬운 것 같지만, 쉽지 않은 일입니다. 새로운 내가 되기 위해서는 감정을 통제하고 끈기 있게 행동해야 합니다. 누구나 계획은 잘 세우지만 포기하기 쉽습니다. 포기하지 않고 실행할 수 있는 계획과 노력이 필요합니다. 저도 부정적인 생각과 습관을 바꾸려고 부단히 노력하였습니다.

이제 여러분에게 도움이 될 만한, 마르크 오렐의 의식적 자기 암시 수행법을 알려 드리겠습니다.

1. 스스로 질문을 던지고, 목표를 정하라.
2. 긴장을 풀라.

3. 상상하라.

4. 집중하라.

5. 매일 긍정적인 암시를 반복하라.

6. 늘 유지하라

누구나 잘 알고 들어 본 말입니다. 하지만 실생활에서 의식적으로 자기 암시를 수행하는 법은 그리 쉽지 않습니다. 제시된 여섯 가지를 모두 실행하지 못하더라도 한두 가지만이라도 꾸준히 실행해 보면 좋겠습니다. '나도 노력하니 할 수 있네.'라는 작은 성공을 맛보면 자기 효능감이 생겨 그다음 단계를 실행해 볼 생각과 힘이 생길 것입니다.

심리학자인 조지 월턴(George Walton)은 『괜한 걱정(원제 Why worry?)』에서

"걱정의 40%는 절대로 현실에서 일어나지 않는다.

걱정의 30%는 이미 일어난 일에 대한 것이다.

걱정의 22%는 사소한 것이다.

걱정의 4%는 우리가 어쩔 수 없는 것이다.

나머지 4%는 우리의 힘으로 바꿀 수 있는 것이다."

라고 말합니다. 우리는 뇌에 불안과 근심, 걱정, 짜증, 화, 분노, 기쁨

등 다양한 감정의 특수 칩을 삽입한 것처럼 행동할 때가 있습니다. 먼저 우리의 생각을 철저하게 감독해야 합니다.

첫째는 우리의 생각을 의심하고 우리가 믿는 것을 통제해야 합니다. 만약, 나를 괴롭히는 부정적인 생각이 있다면 당당하게 의심해 보아야 합니다.

둘째는 자신의 의지와 상관없이 일어나는 주장과 생각을 냉철하게 비판해야 합니다. 부정적인 생각이 나를 훅 치고 들어와 가속화되지 않도록 차단해야 하기 때문입니다.

셋째는 적극적이고 행복한 삶을 살기 위해, 우리를 방해하는 모든 것과 싸울 것을 결심해야 합니다. 그렇게 해야 자기 효능감을 키우고 높이는 데 방해가 되지 않습니다. 부정적인 감정들은 시시때때로 나를 끌어내리려고 호시탐탐 망을 보고 있으니, 생각을 철저하게 감독해야 합니다. 자기 내면에 잠든 힘을 믿고, 자기 자신을 그 힘에 바침으로써 하고자 하는 일을 성취할 수 있음을 잊어서는 안 됩니다.

절대 포기하지 말라.

당신이 되고 싶은 무언가가 있다면, 그것에 자부심을 가져라.

당신 자신에게 기회를 주어라.

스스로가 형편없다고 생각하지 말라.

그래 봐야 아무것도 얻을 것이 없다.

목표를 높이 세워라. 인생은 그렇게 살아야 한다.

– 마이크 맥라렌 –

희정이의 추천도서

『자기암시』, 에밀 쿠에, 연암사, 2018.

4

"

행복한 삶을 위한,

나만의

마음 디자인하기

마음의 쉼터에 들러
마음 무게를 내려놓으세요

가을 하늘을 보면 높고 맑으며 구름도 참 아름답습니다. 가끔 구름이 마술이라도 부리듯 변하는 모습을 보면 감탄이 저절로 나옵니다. '나도 구름처럼 때에 따라 나를 멋지게 만들어 변해 보고 싶다.'라는 생각이 듭니다. 자연만이 가질 수 있는 놀라운 능력입니다.

우리가 살면서 하루에 몇 번이나 작은 것에 감동할까요? 소소한 행복에 감동할 여유는 있나요? 보통 직장을 다니기 위해 장거리 출근하는 사람들은 이른 새벽 해 뜨는 것도 못 보고 출근하여, 해가 지고 깜깜한 저녁이나 밤이 되어서야 퇴근합니다. 자연이 주는 소소한 아름다움을 느낄 사이도 없이 하루를 바쁘게 사는 이들이 많습니다. 바쁠수록 쉬어 가라는 말도 있습니다.

우리는 어느 날, '왜 이러고 살고 있지?'라는 생각을 하기도 합니다. 삶

거북이 걸음, 토끼 마음

이 재미없다는 생각이 듭니다. 반복되는 하루는 다람쥐 쳇바퀴 돌듯 그 날이 그날 같고, 감정은 메말라 갑니다. 어느 날은 내 인생에 변화를 주고 싶은 생각이 들지만, 나의 여건과 부정적인 생각으로 미리 재느라 한 발짝 변화를 시도해 볼 용기를 선뜻 내지 못합니다.

저는 다년간 아이들을 상대로 학습을 지도하다 보니, 부모님과 상담하며 이야기할 기회가 많습니다. 아이만 잘 가르치면 되는 것이 아니라 부모님의 고민도 같이 나눠야 합니다. 학부모 상담은 아이의 학습 능력 향상과 자존감에 직결되기 때문에 아주 중요합니다. 그래서 변화하는 교육, 학습 방향, 아이 개개인의 특성에 맞게 학습 지도를 하고 진로 상담까지 연결될 수 있도록 공부를 많이 하는 편입니다.

사람은 저마다 하는 일이 다릅니다. 생각도 다르고 방향도 다릅니다. 다만, 저마다 하고자 하는 일이나 생각, 방향이 다를지라도 마음의 쉼터에 마음 무게를 좀 내려놓고 싶은 마음은 같을 것입니다. 저도 어느 날은 동영상, 책, TV 등이 마음에서 멀어질 때가 있습니다. 동영상과 책들이 더 힘을 내서 하라고 열정에 불을 더 지피는 것 같아 부담되기도 하고 싫증이 나서 무기력해질 때도 있습니다. 위로가 필요할 때는 짧은 글과 그림이 예쁜 책을 읽으면서 마음의 위로와 쉼을 얻는 것도 마음을 치유하는, 한 방법입니다.

여러분은 나만의 인생 성장 계획을 하고 있나요? 학부모나 지인들을 만나는 날이면 입을 모아 "내가 책을 쓰면 몇 권은 나올 것이다."라고 합니다. 그만큼 삶에 우여곡절이 많아서 그럴 것입니다.

우리는 살면서 부와 명예에 초점을 많이 두고 사는 것 같습니다. 그러다 보니 삶에서 경직된 마음의 힘을 빼려면 큰 용기가 필요합니다. 갑자기 불어닥친 건강 이상이나 인생에 회의가 느껴졌을 때, 더는 참고 견딜 힘이 없을 때 마음의 힘을 빼는 것 같습니다. 혜민 스님의 저서 『멈추면, 비로소 보이는 것들』처럼 막다른 골목에 서보고 나서야 마음의 힘을 뺍니다.

나를 믿어 주는 사람이 있나요? 열 손가락 중 다섯 사람, 아니 단 한 사람만 있어도 성공한 인생이 아닌가 싶습니다. 상담하다 보면 돈으로 해결되지 않는 것들이 많습니다. 우리는 무엇인가 부족해서 채우느라 노력합니다. 채우고 나면 무엇인가 또 허전하거나 허무함이 밀려오기도 합니다. 인간의 욕망은 끝이 없습니다. 채워도 채워도 부족함을 느낍니다. '욕심은 죄를 낳고, 죄는 사망에 이른다.'라는 말이 있습니다. 인간의 욕심은 본능이라 어쩔 수 없지만 한 발짝 뒤로 물러서 내 인생을 돌아본다면, 생각한 것보다 의미 있고 가치 있는 일이 많습니다.

우리는 어느 순간 처음 시작할 때 느낀 설렘이 없어지고, 감동도 없어집니다. 일상이 당연한 일상이 되어 버려 감사함도 기쁨도 모른 채 지나갈 때가 있습니다. 이런 마음이 쌓이다 보면 인생에서 행로를 잃어버린 듯하

거북이 걸음, 토끼 마음

여, 두려움으로 한 발짝 나서기도 힘들 때가 있습니다.

그럴 때는 주변의 자연을 감상해 보기 바랍니다. 늘 보던 들꽃도, 새도 하늘도 구름도 나에게 평소와 다른 느낌과 편안함을 줄 것입니다. 마음에 편안함이 있어야 나만의 인생 성장 스토리를 만들어 나아갈 수 있습니다. 욕심은 내려놓고 내가 평소 해보지 않은 것을 해보면 새로운 설렘과 떨림이 생길 수 있을지도 모릅니다. 가족이나 지인들이 나를 몰라준다고 서운해할 필요도 없고, 너무 기댈 필요도 없습니다.

그나마 자기의 현재 상태를 잘 파악하고 깨달을 수 있다면, 자기만의 작은 인생 스토리를 만들어 가보면 좋겠습니다. 저도 자녀 둘을 키우며 정신적·육체적 고통을 겪다 보니 우울감에 시달리기도 하고 울기도 해보았습니다. 생각해 보면 그 또한 욕심이 아닐까 싶습니다. 자녀들이 내 뜻대로 되지 않는다고 속상해하고, 내 마음을 몰라주는 남편이 서운하기도 하였습니다. 아이들과 남편도 저에게 서운한 것이 많을 것입니다. 일일이 시시비비를 가리다 보면 삶은 당연히 힘들 수밖에 없습니다. 서로 알아도 모르는 척, 배려하고 양보하다 보면 삶을 좀 더 윤택하게 만들어 갈 수 있을 것입니다. 소소하지만, 여건에 맞게 조금씩 조금씩 나만의 인생 성장 스토리를 멋지게 만들어 가보면 어떨까 합니다.

행복 경제학계의 저명인사 존 헬리웰(John F. Helliwell)과 동료 학자들은 '세계 가치관 조사(World Values Survey)'라는 방대한 데이터를 주기적으로 분석합니다. 세계 150국을 대상으로 가치관 조사를 실시하는데, 각 국민의 인생 만족도를 조사하고, 그들의 특징과 사회, 경제 환경에 대해 많은 정보를 제공하는 프로젝트를 실시한 후 얻은 결과를 보면, 사람들이 말하는 행복 요소 중 4분의 3은 다음 여섯 가지 요인으로 설명된다고 합니다.

첫째, 사회적 지원입니다. 힘들고 어려울 때 믿고 의지할 사람이 있어야 합니다.

둘째, 아량입니다. 사람들은 관대하게 행동할 때와 주변에 관대한 사람들이 있을 때 더 행복하다고 합니다.

셋째, 신뢰입니다. 부정부패는 인생 만족도를 떨어뜨립니다.

넷째, 자유입니다. 인생에서 중요한 것을 스스로 결정할 자유가 충분히 있다고 느낍니다.

다섯째, 1인당 소득이 높아야 합니다.

여섯째, 건강 수명입니다. 평균 수명에서 아픈 기간을 제외한 수명이 길어야 합니다.

이 목록에 있는 여섯 가지 요인 중 가장 중요한 것은 무엇일까요? 우리가 살아가는 데 다 중요한 요인들이지만, 가장 중요한 요인은 사회적 지원이라고 합니다. 몸도 건강해야 하고 소득도 중요하지만, 굳이 하나를 뽑자면 사회적으로 더 많은 관계를 맺을 때 더 큰 만족감과 행복감을 느낀다고 합니다. 심리학 역시 같은 결론이 나온다고 합니다.

행복의 근원은 가정에서 이루어집니다. 그런데 우리는 어떤가요? 가족끼리 서로 미워하고 원수같이 여기기도 합니다. 사랑이라는 이름으로 서로 집착하고 협박하고 가스라이팅 하기도 합니다. 때때로 어떤 이는 지금 인생이 망한 것 같다고 하는 이도 있고, 새로운 인생으로 다시 살고 싶다는 이도 있습니다. 현재 상황과 여건이 되지 않는데, 타인과 비교하며 속상해하고, 자신의 처지를 한탄한다고 해서 변하는 것은 아무것도 없습니다. 내가 힘들고 어려울 때 의지할 사람이 한 사람만 있어도 여러분은 성공한 인생입니다. 화려하지 않아도 멋지지 않아도 작은 인생 스토리는 완성되어 갑니다.

오늘은 다시 돌아오지 않습니다. 오늘을 가장 행복하고 멋진 날로 보냈으면 좋겠습니다. 마음의 휴식은 행복한 인생 스토리를 완성하는 데 큰 도움이 될 것입니다.

행복한 삶을 위한, 나만의 마음 디자인하기

너무 소심하고 까다롭게 자신의 행동을 고민하지 말라.

모든 인생은 실험이다. 더 많이 실험할수록 더 나아진다.

– 랄프 왈도 에머슨 –

.... 희정이의 추천도서 ....

『당신 잘못이 아닙니다』, 최경규, 박영사, 2022.

50 이후, 인생을 재창조해
반등할 수 있습니다

저는 늘 일하느라 바쁘고, 일요일에는 봉사 활동을 하며 기쁨을 얻고 소통을 하는 사람이었습니다. 온라인 세상은 접할 시간이 없었습니다. 관심도 전혀 없었고요. 하루하루 사는 게 너무 바쁘다 보니, 핸드폰을 보며 보내는 시간이 아깝다고 생각한 사람이었습니다. 그런데 딸이 밤낮 핸드폰만 보고 있으니, 엄마로서 얼마나 답답하고 속이 시끄러웠는지 모릅니다.

체력적 한계도 느끼고 딸과 싸우는 것에도 지쳐서, 딸과 불편한 관계를 끝내고 사이좋게 지내고 싶었습니다. 어른이 아닌 딸을 어른의 눈높이에 맞추고, "나를 따르라."라는 듯이 규율과 규칙을 내세우며 잔소리를 퍼부어 댔으니, 딸이 얼마나 힘들었을까요? 저도 누가 잔소리하면 싫은

행복한 삶을 위한, 나만의 마음 디자인하기

데 말입니다. 친구를 만나면 하는 소리가 있습니다. "야, 우리 때는 저렇게까지는 안 하지 않았니? 우리는 스스로 알아서 다 했는데, 쟤네는 부족함 없이 해준다고 하는데도 뭔 불만이 그렇게 많은지. 이해 가지 않는 행동을 해서 미치겠다."라고 말을 합니다. 공부 잘하는 자녀를 둔 부모, 공부를 못하는 자녀를 둔 부모, 자녀에게 친구가 너무 많아 고민인 부모, 친구와 만나지 않고 혼자서 있는 자녀를 보고 걱정하는 부모 등 모양만 다를 뿐 그 나름대로 고민 한 가지씩은 있습니다. 사춘기 부모라면 이루 말할 수 없는 사건 사고에 부모에게는 인내가 아주 많이 요구되었습니다.

이왕 딸과 소통해 보겠다고 시작했으니 이것저것 눌러 보며 익혔습니다. 그러다가 한 첫 번째 팔로잉이 김미경 강사였습니다. 늘 힘들 때마다 그녀에게 위로받고 있던 차라 제가 계정을 만든 SNS를 하고 있어서 팔로잉이라는 것을 처음 해보았습니다. 딸에게는 사정해도 자신의 SNS 계정을 알려 주지 않았습니다. 집에서도 간섭받고 있는데, SNS 온라인 세상에서까지 간섭받고 싶지 않았던 것이었습니다. 그런데 엄마가 눈치 없이 소통하자고 막 들이대니 질색을 하였습니다.

집단 상담 중 어느 선생님이 하신 이야기가 생각납니다. "선생님은 욕심이 참 많으신 것 같아요." 그 선생님은 아이가 셋 있는데 바라는 게 하나도 없다고 해서, 제가 빵 터져서 웃고 다른 선생님들도 박장대소하였습니다. 자녀가 스무 살이 넘으면 자기 일은 자기가 알아서 계획하며 살아 나아가게 하는 것이 저의 목적이었습니다. 모든 부모의 바람이기도 합니다. 하지만 저는 딸이 무엇을 생각하고 상상하는지 지켜보는 인내와 믿음이 부족하였습니다.

딸과 사이가 좋아지려고 시작한 SNS지만 딸이 소통해 주지 않으니, 휴대전화로 이것저것 해보다가 김미경 유튜브 대학이라는 온라인 세상에서 재미난 일이 많이 일어난다는 것을 알게 되었습니다. 딸에게 허락도 받지 않고 제 맘대로 상상하고, 이참에 직업도 바꾸어 보자는 마음도 있었습니다. 새로운 것을 배우는 것이 얼마나 재미있던지 제가 아팠던 사람이었다는 것도 잠시 잊을 정도였습니다. 지금 생각해 보니 행복 호르몬이 분비되어, 스트레스 호르몬을 줄여 주어 우울감에서 벗어날 수 있었던 것 같습니다. 새로운 배움은 삶에 활력을 주었고, 저는 삶의 방향성을 찾아가기 시작하였습니다.

나는 무엇이 부족하다고 생각하나요? 경제적 여유가 없나요? 내가 하고 싶은 일이 있나요? 요즘은 인터넷이 잘 발달 되어 있습니다. 무료 강의도 많습니다. 지역 주민을 위한 무료 교육, 국비 지원 교육도 있습니다. 상담하다 보니 국비 지원해 주는 것 중 자신이 하고자 하는 일에는 지원되지 않아 아쉬워하는 분도 있습니다. 자녀를 키우느라 직장 생활을 하기 어려울 때는 자녀가 없는 시간을 활용해 아르바이트를 조금씩이라도 해서 비용을 모아 두었다가 기회가 될 때 하고자 하는 일을 시도해 보라고 상담하기도 합니다. 생각만 하고 고민만 하면, 주변 환경이 달라지는 것은 하나도 없습니다.

타인과 비교하며 본인은 한없이 부족하고 재능이 없다고 합니다. 사람은 누구나 재능이 한 가지씩 있습니다. 자신이 아직 발견하지 못했을 뿐입니다.

20대보다는 40대 중반 이후가 인생의 참 행복을 느낄 수 있는 나이라고 합니다. 여성 중에는 갱년기와 건강 악화로 인생 마감을 준비하듯 아예 포기하는 분이 많습니다. 부모님은 연로하셔서 병만 남을 때고, 자녀는 한창 가르칠 때라 경제적 부담으로 버거운데, 집에서 살림만 하자니 아이들 학원비 등이 부담되어 아르바이트라도 해야 하는 상황이 벌어집니다. 남편이 웬만한 전문직으로 고소득을 올리지 않는 이상 맞벌이는 기본입니다.

제가 어느 날 강의하러 갔다가 우연히 수강생 직업을 물어보았더니 18년 이상 전문직에 종사하였다고 했습니다. 아주 재미있게 일했는데 50대 중반이 넘어가니 나이 제한에 걸려 취직을 할 수 없는 상황이라 임시직을 하며, 다른 일을 배우고 있었습니다. 우연히 처음 뵌 분이라 짧은 시간 진로 코칭을 해줄 수 없어 안타까웠습니다. 잘 생각해 보면 자신이 재미있어하는 일을 나만의 방법으로 확장하여 1인 사업자가 되면, 나이에 상관없이 꾸준히 일할 수 있습니다. 물론, 처음은 쉽지 않습니다.

요즘은 100세 시대라고 합니다. 경제적 여건을 떠나서 긴 수명을 대비해 우울한 삶을 살지 않으려면, 즐길 수 있는 취미나 일거리를 찾아야 합니다. 준비가 되어 있지 않다면 즐길 수 있는 것을 준비해 놓는 게 좋습니다. 그렇게 해야 자식이나 타인에게 의존하지 않고 스스로를 챙기면서 우울하거나 의욕이 저하되지 않고, 즐거운 노년을 보내다가 생을 마감할 수 있습니다.

조너선 라우시의 저서 『인생은 왜 50부터 반등하는가』에 의하면 인생 만족도가 40대에 최저점을 찍고 반등해 나이 들수록, 특히 50 이후부터 오히려 행복도가 더 커진다고 합니다.

"중년의 위기는 없다. 지금은 인생을 재창조할 시간입니다."

자신이 어릴 때 너무 좋아했지만, 현실과 동떨어졌다고 해서 좋아하던 일을 마음속에 접어 두었나요? 한번 꺼내 보는 것은 어떨까요? 제가 아는 지인은 하고 싶은 취미가 있었는데도 40대가 할 만한 취미가 아니라고 창피해하며 늘 고민하였습니다. 저는 긍정적 이야기를 해주었습니다. "40대에 아무도 그 일을 하지 않으니, 당신만이 할 수 있는 일이다."라고 해주며 글을 써서 작가를 해보거나 전시회를 해보라고, 지나가는 말로 위로하듯 한 적이 있습니다. 그런데 얼마 전 전자책도 출간하고 전시회도 하며 행복해하는 모습을 보았습니다. 지인에게 잘 어울리고 멋져 보였습니다. 그 일을 계기로 지금은 다른 일도 확장해 나가고 있습니다. 누구나 열심히 하다 보면 1인 사업자, 기업가도 될 수 있습니다. 자신이 좋아하는 것과 관련된 서적이나 성공 사례 책들을 읽어 보며, 여러 사례를 비교 분석하여 내가 할 수 있는 것으로 재창조하면 됩니다.

여러분은 지금 간절함이 얼마나 있나요? 경제적으로 어려운가요? 경제적으로는 풍요롭지만 우울한가요? 뭔가를 해보고 싶은데 엄두가 나지 않나요?

대부분 사람이 뭔가를 실행할 때 무엇을 어떻게 시작해야 할지 모르는 사람들이 많습니다. 물론 저도 좋아하는 일이 무엇인지 잘 몰라서 수많은 고민을 한 적이 있습니다. 지금도 열심히 노력하는 중이지만 크고 작은 일이 나를 방해할 때도 있고 흔들리는 감정도 생깁니다. 사람이라면 당연히 일어나는 감정입니다. 그러나 '그것을 어떻게 두려움 없이 담대하고 꾸준하게 이끌어 나갈 수 있을까?' 고민하며 실행해 나가야 합니다. 체력이 약한 것을 탓하고, 나의 여건이 되지 않는 것을 탓하며 어떻게든 궁색한 변명만 늘어놓으려고 한다면 답이 없습니다. 여러분은 어떠신가요? 제가 목표를 세우고 실행한 방법들을 알려 주겠습니다.

첫째, 간절함이 몇 퍼센트인지 숫자로 적어 봅니다.

10퍼센트에서 100퍼센트까지 간절함 수치를 적다 보면, 숫자로 나의 간절함을 쉽게 이해하고 파악할 수 있습니다. 초등학교 수학 교과서를 보면 막대그래프가 있습니다. 가끔 뉴스에서도 시장 조사 같은 것을 그래프로 보여 주며 기자가 보도할 때를 생각해 보시면 이해가 쉬울 것 같습니다. 말로 할 때보다 한눈에 쉽게 알아볼 수 있기에 이해하기 쉽습니다. 원그래프로 그려 보아도 좋습니다.

둘째, '이 일을 실행하고 실현해야 하는, 명확한 목표가 무엇인가?'를 생각해야 합니다.

우울감 해소, 경제적 자유, 생계유지, 노후 대비 등 무엇이 되었든 목표를 명확하게 세워야 합니다. 간절함 속에 명확한 목표가 없다면 일정 기간 목표를 실행하다가 그만둘 가능성이 크기 때문입니다.

셋째, 어떤 방법으로 전문적 지식을 공부할지 선택해야 합니다.

의지와 노력만 있다면, 돈을 많이 들이지 않고도 충분히 할 수 있는 일들이 많습니다. '뜻이 있는 곳에 길이 있다.'라는 속담처럼 간절히 원하고 찾다 보면 공부할 방도가 생깁니다. 신이 나에게 선물을 주듯, 사람이든 일이든 신기할 정도로 수월하게 연결됩니다.

넷째, 신문이나 SNS를 통해 세상 흐름을 파악하되, 내가 잘하고, 재미있고, 꾸준히 할 수 있는 일을 선택해야 합니다.

빠른 세상에 적응해 가는 것도 중요하지만 세상에는 기본값이란 게 있습니다. 예를 들어, 먹어야 하고, 입어야 하고, 배워야 하는 등 기본적인 것이 변하지 않는 값이 있습니다. 인공지능의 시대라고 하지만 대체 불가능한 일들이 있으므로 책과 기사 등을 읽으면서 여러 가지를 파악하며 집중하고, 몰입해서 공부하여야 합니다.

다섯째, 나를 잘 이해해야 합니다.

내가 내성적인 사람인지, 외향적인 사람인지, 장단점, 강점과 약점을 쭉 적어 보면 나를 이해하는 데 도움이 됩니다. 부모에게 학습된 부정적인 무의식, 습관도 적어 보면 자신을 이해하는 데 도움 됩니다. 본인이 어떤 사람인지 파악할 수 있어야 일을 꾸준히 잘해 나갈 수 있습니다. 자신의 강점은 살리고, 약점은 보완해야 합니다.

여섯째, 나를 한계 짓지 말고 '단순하게 행하고 실천하라.'입니다.

어떤 일을 선택할 때 경제적으로 힘들고 압박이 온다고 해서 성급하게 서두르면 안 됩니다. 나 자신을 먼저 행복하게 만들고, 편안함을 유지할 수 있는 일을 찾고 선택하는 것이 좋습니다. 무엇보다 중요한 것은 체력에 맞아야 합니다. 운동하며 좋은 생각과 좋은 감정을 선택하여 기분을 좋게 하는 것이 아주 중요합니다. 기분이 좋아야 무엇인가 하고자 하는 의욕이 생깁니다. 나를 기분 상하게 하는 부정적인 말투나 생각은 되도록 자기만의 방법을 찾아 차단해야 합니다. 행복한 마음으로 성실하게 꾸준히 하다 보면, 적은 돈부터 큰돈까지 어느 순간 내가 노력한 만큼 들어 옵니다. 돈은 돌고 돕니다. 나누어 준 만큼 반드시 배가 되어 돌아옵니다.

거북이 걸음, 토끼 마음

좋은 성과를 얻으려면

한 걸음 한 걸음이 힘차고 충실하지 않으면 안 된다.

- 단테 -

희정이의 추천도서

『인생은 왜 50부터 반등하는가』, 조너선 라우시, 부키, 2021.

멋진 인생을 시작하려면
'홀로서기' 연습을 해야 합니다

미디어 발달이 인류 발전을 돕기도 하지만, 수많은 정보로 삶의 목표에 방해가 되기도 합니다. 나는 삶의 목표가 무엇인가? '삶의 지향점'을 명확하게 잡아야 타인에게 휘둘리지 않는 인생을 살아갈 수 있습니다. 그렇다고 해서 지나치게 목표 지향적으로만 살다가 보면 어느새 집착하고 정신적, 육체적으로 망가지는지도 모르는 채 살아가게 됩니다.

운이 좋게 목표에 도달할 수도 있습니다. 하지만 이렇게 살다 보면 어느 곳에 뒤탈이 나도 납니다. 아파서 쉼표를 찍고 나서야 인생을 되돌아보게 됩니다.

인생은 생각보다 긴 여정입니다. 요즘 세상은 시시각각, 빠르게 변하고 있습니다. 잠시 고민하는 순간, 타인들은 "나 이렇게 성공했노라."라며 SNS에 자랑하는 글이나 사진을 올립니다. 그러면 나도 모르게 허둥지둥하며 더 잘살고 더 잘되기 위해 '무엇을 할까?' 고민하다가 나도 모르게 스트레스가 만성이 됩니다. 그야말로 먹고사는 것이, 생존과 직결되기 때문에 이왕이면 경제적 부도 이루고 명예도 누리고 싶은 것이 인지상정입니다. 그러나 자신의 성격과 노력 등을 고려하지 않고 타인과 비교하며 어떻게든 잘해 보겠다고 하면서, 나도 모르게 경쟁 대열에 빠져들어서 몸과 마음을 상하게 하는 것입니다.

여러분의 삶의 목표는 무엇입니까? 요즘 새벽 기상, 다이어리 쓰기, 버킷 리스트를 정해서 실행하면 성공한다고 해서, 붐 아닌 붐이 일어나고 있습니다. 이것은 성공적인 인생을 살기 위한 노력인데, 자기암시를 통해 뇌에 긍정성을 불러일으켜 의식이 무의식까지 연결되어 자신이 원하는 방향으로 갈 수 있도록 뇌를 훈련하는 방법입니다. 저도 무엇을 잘하는지 몰라 오랫동안 고민하다가 이것저것 시도하며 노력해 왔습니다. 매일은 아니지만 2020년부터, 크게 '인생 그래프'를 그리듯 내가 살아 있는 동안 이루고 싶은 목표를 크게 몇 가지 세워 놓고, 현재 하나씩 하나씩 이루어 가고 있습니다. 지금도 목표는 확실하지만, 사람이다 보니 체력적 한계가 오면 부정적인 생각이 올라오기도 합니다. 사람이라면 당연한 감정입니다. 그렇지만 뇌를 긍정적으로 만들고자 매일 긍정 암시를 하고 있습니다.

새벽 기상, 다이어리 쓰기, 버킷 리스트 쓰기 등이 나쁘다는 뜻은 아닙니다. 제가 드리고 싶은 말은, 내가 무엇을 잘하는지 모르는 사람이 생각보다 많고, 남들이 하는 것을 부러워하며, 무작정 따라는 사람도 많다는 것입니다. 남들을 무작정 따라 하기 보다는 내가 원하는 것을 나에게 맞게 세팅해야 합니다. 즉, 자신이 할 수 있는 범위 안에서만 하라는 뜻입니다. 명확한 목표를 두고 꾸준히 공부하고 전문적인 지식을 쌓다 보면, 원하는 대로 확실히 이루어질 것입니다.

저를 만나는 사람들은 자아실현을 위해, 여러 가지 어려운 여건과 상황 속에서도 잘살아 보겠다고 교육비를 많이 씁니다. 저도 두 자녀를 키우며 저에게 교육비를 쓰기란 어려운 상황입니다. 그렇지만 남편이 여건이 되지 않는 상황에서도 제가 하는 일은 늘 긍정적으로 지원을 해줍니다. 왜냐하면 '자기를 만나 제가 너무 고생하는 것 같아 불쌍하다.'라고 생각하기 때문입니다. 오히려 남편이 저를 만나 고생만 하는 것 같아 불쌍한데 말입니다. 그러면서도 남편은 "내가 너의 ATM(현금지급기)이냐? 언제 공부가 끝나는 거냐? 이번에는 또 얼마냐?" 하며 진심 섞인 농담을 하기도 합니다. 그러면 저는 미안해서 "아니, 뭐 재미있기는 한데 몸도 힘들고 이제 그만 배워야겠어."라고 하면, "한 살이라도 젊을 때 해라. 나중에 후회하며 그때 할 걸 하지 말고."라고 위로하며 힘을 실어 주었습니다. 그러면 저는 힘들다고 투덜거리면서도 속으로는 좋아서 "그러면 계속 공부할까?" 하며 못 이기는 척 공부를 시작하였습니다.

거북이 걸음, 토끼 마음

그리고 저도 남편에게 한마디 농담을 건넵니다. "여보, 기다리는 자에게 복이 있나니. 노년에 당신이 하고 싶은 것 다 하게 해줄게. 최 씨 할머니, 김 씨 할머니, 이 씨 할머니랑 데이트하는 것도 허락해 줄게. 다만, 알지? 신이 보고 계신다는 것."하고 말해 줍니다. 우리는 서로 얼굴을 보며 빵 터져 박장대소합니다. 사실, 남편이 저에게 바라는 것은 건강하고 자기에게 짜증을 부리지 않는 것입니다. 그러면서도 요즘 제 공부와 일로 가정일과 자신에게 조금 소홀하니 서운한가 봅니다.

사실 저희 부부는 거의 10년 정도 심하게 싸우며 살아왔습니다. 지금도 내면의 상처받은 어린 자아를 건드리는 날이면 가끔 싸우기도 합니다. 그러나 이제는 나이도 먹을 만큼 먹고, 서로의 진심이 무엇인지 정도는 알고 있는 터라, 어느 정도 화가 진정되면 서로 서운한 감정을 이야기하고 금방 화를 풉니다. 나이를 먹으니 싸우는 것도 힘이 듭니다. 서로 하는 일도 많고 바쁘다 보니 싸울 힘도, 기력도 없습니다. 아이들이 어릴 때는 부부싸움에 눈치를 보고 불안해하기도 했지만, 지금은 성인이 되기도 했고, 고등학생이다 보니 싸우거나 말거나 신경도 쓰지 않습니다. 오히려 "오늘은 또 무슨 주제의 싸움이야."라고 아이들이 말합니다. 그럴 때면 아들, 딸이 심판을 봐줍니다. 객관적인 입장에서 아들과 딸은 합리적으로 판결합니다. 남편과 저는 아이처럼 서로의 입장만 이야기하며 서운해합니다. 싸움은 아이들 덕분에 무승부로 끝나니 그나마 다행입니다.

행복한 삶을 위한, 나만의 마음 디자인하기

"우리는 사랑하는 사이가 아니고, 이제 가족이야. 삶의 전쟁터에서 함께 하는 동지다."라고 남편이 웃으며 말합니다. 살다 보니 저는 남편의 장점을 닮아 유머를 쓰기도 하고, 남편은 저의 장점을 닮아 가기도 합니다. 한때 저를 향한 사랑이 식지 않으면 어쩌나 걱정한 적도 있습니다. 남편은 어쩌면 사랑이 아니라 집착을 하며, 저를 통해 자신의 불안을 잠재우려고 했는지도 모릅니다. 저 또한 남편에게 많이 의존적이었습니다. 나이를 먹으니 사랑이 식기는 합니다. 이제는 독립된 주체로 서로를 인정하고 존중하려고 노력하고 있습니다.

어떤 날은 으르렁거리기도 하고, '참, 삶이 지겹다. 나 혼자 살고 싶다.'라는 생각이 들 때도 있습니다. 제가 이런 생각 하리라고는 꿈에도 생각하지 못했습니다. 전 의존적이고 겁이 많고, 두려움도 많은 사람이기 때문입니다. 40대가 넘으면 남성 호르몬이 나온다더니 제가 경제 활동도 하고 자립심이 생겨 그런 생각이 드나 봅니다.

여러분도 저와 같은 생각을 해본 적이 있나요? '자식도 남편도 가족도 다 귀찮다.'라는 생각 말입니다. 그러나 우리는 동지애로 잘 살아가고 있습니다.

저는 요즘 스스로가 기특하고 대견할 때가 있습니다. 의존적이고 자존감이 낮은 '어른아이'가 스스로 무엇인가를 선택하고, 결정하고, 해결하게 되었습니다. 목표를 세우고, 작은 목표부터 이루어 나가는 모습이 요즘은 대견스럽기까지 합니다. 경제적 부를 누리고 살아서 그런 것은 아닙니다. 저도 대한민국 엄마입니다. 아이들 학원 하나 더 보내고, 좋은 엄마가 되기 위해 좀 더 돈을 벌려고 노력하는 엄마일 뿐입니다.

제가 요즘 행복한 것은 마음에 묻어 두었던 사명감을 다시 불러일으켜 실천하며 살아가기 때문입니다. 또, 매일 으르렁대며 싸우는 날도 있지만, 가족이라는 삶의 원동력이 있기 때문입니다. 내가 한 번도 해보지 않은 것을 계획하고 실행하는 것은 그리 쉬운 일이 아닙니다. 부모는 자녀들에게 끊임없이 도전하고 실패하고, 또 도전해 보라고 쉽게 말합니다. 부모 자신은 그렇게 하지 않으면서 말입니다. 저도 너무 바쁘고 힘들 때는 '내가 뭘 하고 있지? 뭘 위해 하고 있는 거지? 진짜 사명감인가?'라고 생각할 때도 있습니다. 그러나 어려워도 참는 힘은 나의 아이들이 있기 때문입니다.

부모의 행동을 그대로 학습하고 대물림된다는 것을 잘 알기에 힘들었다가도 끝까지 해낸 결과를 보여 주며 삶을 삽니다. 아이들은 가르치지 않아도 부모의 뒷모습을 보고 배웁니다. 현재는 아이들이 자기의 길을 찾아서 고민도 하고, 선택하고, 결정하며 잘 찾아가는 중입니다.

어떠한 일을 시작할 때 많은 고민이 됩니다. 우선, 내가 바로 홀로서기를 할 수 있어야 합니다. 하고자 하는 일과 관련된 지식, 건강 등 여러 가지 요건들이 충족돼야 합니다. 자신이 바로 홀로 설 마음이 약하면, 일하다가도 쉽게 그만두고 자책하게 됩니다.

타인들이 조언할지라도 선택하고 결정하는 것은 나입니다. 휘둘리지 말고, 내가 가장 잘하는 강점을 찾아 나만의 것으로 만들고 실행해 가며, 작은 목표부터 성공해 보시면 좋겠습니다. 그러면 그다음 목표가 생길 것입니다.

거북이 걸음, 토끼 마음

용기 있는 자로 살아라.

운이 따라주지 않는다면

용기 있는 가슴으로 불행에 맞서라.

– 키케로 –

················· 희정이의 　　　 추천도서 ·················

『홀로서기 수업』, 김진관, 생각의힘, 2018.

행복한 삶을 위한, 나만의 마음 디자인하기

행복의 첫걸음, 내 안의 보석 찾기

하루에 몇 번이나 하늘을 보나요? 집 구조상 못 볼 수도 있고, 생활 여건상 못 볼 수도 있습니다. 가끔 흐린 날 하늘을 보노라면, 먹구름이 해를 가려 언뜻 보면 해인지 달인지 구별이 되지 않을 때가 있습니다. '해는 빛나야 한다.'라는 고정관념 때문입니다. 우리의 삶도 먹구름이 해를 가린 것처럼 빛을 잃을 때가 있습니다.

내 나름대로 열심히 잘 살고 있는데, 인생에 복병이 생기기도 합니다. 삶을 잘 대처해 나가며 인생의 복병쯤은 아무렇지 않게 지나가는 사람이 있는가 하면, 복병으로 인해 인생을 그냥 놓아 버리고 절망에서 헤어 나오지 못하는 이도 있습니다.

여러분은 전자에 해당하나요? 후자에 해당하나요?

저는 후자에 속한 사람이었습니다. 걱정만 하고 경제적으로 어려운 환경에서 성장하다 보니, 자존감도 낮고, 무슨 일을 하든 자신감과 용기가 없었습니다. 일어나지 않은 일을 미리 걱정하며 어떻게 살아야 할지 참 막막해하던 사람입니다.

주부들이 한목소리로 하는 말이 있습니다. "내가 원래 결혼 전에는 이렇지 않았다. 나도 누군가의 딸이고, 마음 여린 코스모스 같은 요조숙녀(elegant lady, graceful lady)였다."라고 말입니다. 저도 사실 어딜 가면 그런 말을 합니다.

제가 좋아하고 존경하는 선생님이 있습니다. 외향적으로 풍기는 모습은 너무도 우아하고 품격 있어 보입니다. 아들이 초등학생 때 학교에서 특강 수업이 있었습니다. 아이들이 다 참여할 수 있는 수업은 아니고, 담임선생님 추천으로 반마다 몇 명씩만 특강에 참여한 것으로 기억됩니다. 저는 일을 하던 차라 아이들 학교 활동에 많이 참여하지 못하였습니다. 그런데 우연히 아파트에서 아들과 걸어가다가 그 선생님을 만났습니다. 아들이 인사했는데 그분도 아들을 알아보는 것이었습니다. 만남이란 참 신기합니다. 학교에서 잠깐 본 아들을 선생님께서 기억하시고 잘 아는 학생처럼 칭찬을 많이 해주셨습니다. 그런데 아파트에 학원이 생겨 우연히 상담하러 갔는데, 얼마 전 만났던 그 선생님이라 또 한 번 놀랐습니다. 인연이라면 만나야 할 사람은 언제고 꼭 만난다는 말이 맞는 것 같습니다.

아이들이 그 학원에 다니지 않은 지 몇 년이 지났지만, 그분과 벌써 10

년째 연락하고 가끔 식사하며 충전하는 시간을 가집니다. 인품이 워낙 좋으시지만, 자녀들도 훌륭히 잘 키우셔서 마음을 다해 축하해 주고 기쁨을 나눕니다. 마음이 어려울 때마다 그 선생님을 만나면 같은 여자로서 공감대가 형성되어 힘을 많이 받습니다. 같은 직종이라 마음이 통하는 것도 있는 것 같습니다. 저보다 선배라 그런지 책을 많이 읽으셔서 그런지 모르겠지만, 마음을 참 편하게 해주십니다. 성품이 곱고 좋으신 분이라 그런 것 같습니다. 삶의 지혜와 현명함으로 저에게 큰 힘을 주시는 분이기도 합니다. 참 닮고 싶은 롤 모델입니다. 서로 바쁘다 보니 긴 시간 동안 이야기를 나눌 수 없는 것이 늘 아쉽습니다.

어느 날 그분과 재능에 관한 이야기를 나누었습니다. 제가 고민하는 이야기보따리를 풀어놓았더니, 현명한 상담사처럼 말씀을 해주셔서 큰 위로가 되었습니다. 선생님도 큰 재능이 없었지만, 좋아하는 것을 살려 일하게 되었고, 자녀도 훌륭히 키워 냈다고 합니다. 그러면서 행복을 나누는 사람은 멈추지 말고 꾸준히 해야 한다고 말씀해 주었습니다. 누군가는 해야 할 일이라면 에너지가 있는 사람이 나누어 주는 게 맞는다고도 했습니다. 선생님이 하신 따뜻한 위로의 한마디가 보약보다 더 힘이 나게 하였습니다.

여러분은 자신의 재능을 부각할 줄 알고, 삶을 기교 있게 살아 나아가고 있나요? 강의하다 보면 에피소드나 명언, 스토리가 많이 필요합니다. 서점을 자주 가지는 못하는 터라 인터넷 검색을 하며 책을 구매합니다. 나에게 필요한 제목을 검색해서 비슷한 내용의 제목이 나오면 서문을 보거나 목차를 보고 책을 사는 편인데, '행복'이란 주제로 쓴 책이 참 많습니다.

'우리나라 최초의 실전 행복학 행복 탐험가'라고 불리는 최경규 작가의 책을 구매해서 보게 되었습니다. 처음에는 '화려한 경력과 해외 120여개 도시를 여행하고 삶의 굴곡을 겪으며 느낀, 행복에 대한 새로운 시각'이라는 작가 소개 문구에 호기심이 갔습니다. '이분은 해외도 많이 다니고 수많은 경험을 하였으니 얼마나 행복했을까?'라는 생각도 들었습니다.

책을 읽어 보니 작가의 감성이 풍부해서일까? 풍부한 여행 경험에서 묻어 나오는 것일까? 글이 세련되고 읽히기 쉬우며 따뜻하고 편안하다는 생각이 들었습니다. 그 책은 한 챕터를 요약한 것처럼 행복 공식을 적어, 글을 요약하고 강조하는 듯하여 눈에 들어왔습니다. '행복 공식만 읽어도 삶의 지혜를 얻을 수 있겠다.'라는 생각이 들었습니다.

상담에서도 '지금 여기, 현재'를 소중히 여기며 살아가야 한다고 합니다. 잘 아는 내용이지만 바쁘다 보면, 현재의 소중함을 잊고 살 때가 있습니다. 눈에 보이는 대로, 생각되어지는 대로, 감정 따라 살아가게 됩니다. 저는 예측 가능해야 대처를 잘하는 사람입니다. 학생 때도 용기와 자신이 없어 해보고 싶지만 하지 못하던 일을 나이 먹어 들이대서 해보겠다고

행복한 삶을 위한, 나만의 마음 디자인하기

도전하는 삶을 살고 있습니다. 행복은 주관적인 느낌으로 경제적 부와는 상관이 없습니다. 내가 얼마나 좋아하고, 즐거운 일을 하고 있느냐가 중요한 것 같습니다. 삶을 멋지게 잘 살아가는 분들을 보면, 너무 멋지고 대단하다는 생각이 들며 부럽기까지 합니다.

'남의 떡이 더 커 보인다.'라는 옛 속담처럼 사람들은 자신의 장점은 보지 못하고, 남의 장점만 보고 부러워합니다. 물론 저도 그랬습니다. 노력은 하지 않고 잘하는 모습과 결과만을 보고 부러워하였습니다.

'행복은 내가 지킨다.'라고 하지만, 재능이 없다고 생각하고 무엇을 잘하는지 자신을 잘 파악하지 못하는 사람도 있습니다. 인간관계를 하며 이 사람에 치이고 저 사람에 치이다 보면 아예 혼자가 편하다며 사람을 만나지 않기도 합니다. 많은 사람이 사람 때문에 힘들어하지 말고 자신을 돌보고 사랑해 보라고 이야기합니다. 자신을 사랑하는 방법도 해본 사람이나 하지, 어떻게 하는지도 모르는데 사랑해 보라고 하면 그것 또한 더 우울감이 들고 자존감이 떨어지기도 합니다.

어떤 사람들은 '나만, 내 삶을 잘 살아 나아가는 기교가 없다.'라고 말합니다. 자신을 믿어야 한다고 많은 이들이 이야기합니다. 하지만 세상에서 믿지 못할 건 '나 자신'이라는 사람도 있습니다. 먹고사는 일에 급급하고, 자녀를 양육하느라 바쁜 하루하루를 보내다 보면, 내가 누구인지도 알아채지 못할 때가 있습니다. 나는 누구의 부모이며 아내일 뿐, '나'라는 존재를 사랑하며, 믿으며 산다는 생각을 전혀 못 해내는 분도 많습니다.

거북이 걸음, 토끼 마음

저 또한 결혼하는 순간 나를 챙기고 생각해 본다는 것은 그저 사치에 불과했던 것 같습니다.

　동화책 『미운 오리 새끼』가 생각납니다. 유난히 큰 알에서 태어난 새끼 오리는 일반 오리들과 다르게 생겼다는 이유로 주변 오리들에게 괴롭힘을 당합니다. 처음에는 어미 오리가 다독여 주지만, 나중에는 어미 오리마저 새끼 오리가 사라져 버렸으면 좋겠다고 한탄합니다. 이에 상처받은 새끼 오리는 집을 떠나고, 어느 마음씨 좋은 할머니 집에서 지내게 됩니다. 하지만 그곳에 살던 고양이와 닭의 괴롭힘에 못 이겨 새끼 오리는 결국 또다시 도망쳐 나와 춥고 외로웠던 겨울이 지난 후에야 자신이 하늘을 날 수 있음을 알게 됩니다. 못생긴 오리인 줄만 알았던 새끼 오리는 다름 아닌 아름다운 백조 무리로 들어가 자유롭게 하늘을 날아다니며 행복하게 삽니다.

　새끼 오리처럼 어른들도 자신의 멋진 본모습을 발견하지 못하고 사는 경우가 많습니다. 누구에게나 한 가지씩은 특별한 재능이 있고, 자신만의 멋진 삶을 개척하고 살아갈 힘이 있습니다. 여러분도 내 안의 보석을 찾아보면 좋겠습니다. 아직 미처 발견하지 못한, 반짝이는 보석이 자신을 찾아 주기만을 간절히 기다리고 있을지 모릅니다. 늦었을 때란 없습니다. 지금 바로 현재를 즐기면 좋겠습니다. 누가 나를 챙기고 알아주지 않더라도 스스로를 챙기며, 누구보다 힘차게 자신을 응원해 주면 좋겠습니다.

행복은 습관이다. 그것을 몸에 지니라.

– 허버드 –

········· 희정이의 　　　 추천도서 ·········

『나는 행복을 선택했다』, 최경규, 박영사, 2018.

중년, 인생의 꽃이 피었습니다

인생을 살다 보면 꽃피는 시기가 있습니다. 살면서 3번의 좋은 기회가 온다는 말처럼 말입니다. 세상에서 가장 아름다운 꽃은 무엇일까요? 저는 '인생 꽃'이 아닐까?'라는 생각을 해봅니다.

주로 학부모, 중년 여성, 워킹맘을 상담하다 보면 비슷한 고민이 있습니다. 우울한 나를 살리고 싶어 뭔가를 해봐야겠다고 생각해 보지만, 건강이 따라 주지를 않아 생각에 그칩니다. 집안의 갑작스러운 위기로 경제활동을 하기 위해 사회로 뛰어들어야 하지만, 경력이 단절되거나 할 줄 아는 것이 없어 고민이 많은 분도 있습니다. 사정은 제각각이지만 많은 중년 여성이 겪는 가장 큰 문제는 건강 상태 때문에 힘들다는 것입니다.

삶이 아무리 고달프고 힘들지라도 힘을 내야 합니다. 우리는 나를 위한 삶보다 가족과 타인에게 초점을 맞추느라 많은 애를 쓰고 삽니다. 그러다 보니 몸도 마음도 무거워 무엇을 할 의욕이 생기지 않습니다. 몸과 마음의 무게가 무겁지만, 우리는 하루를 소중히 여기며 살아가야 합니다. 하루를 기대하고 가슴 설레는 일이 매일 있으면 좋겠지만, 여건이 녹록지 않을 때가 많습니다. 각자 상황이 어떻든 우리가 삶을 소중히 여겨야 합니다. 자녀나 연로하신 부모님만 생각하면 마음이 참 복잡하고 무겁습니다. 더 잘하고 싶지만, 마음처럼 되지 않아 속상할 때도 있습니다. 그렇다고 나를 탓하고 상황만 탓하지 말고, 마음 무게를 가볍게 하면서 무엇이 되었든 나를 살릴, 자신만의 방법을 찾아야 합니다. 나에게 작은 보상도 해주고, 칭찬도 해주며 중년의 '골든 타임'을 놓쳐서는 안 됩니다.

2020년 초부터 떠들썩한 코로나19로 많은 사람이 실직하고, 세상을 떠나는 아픔이 있었습니다. 유명 배우나 가수, 강사 할 것 없이 직업과 생계에 위기의식을 느껴야만 하였습니다. 유명 강사인 '김미경' 씨도 멈추어진 강의로 생계를 위해 고민하며 공부를 독하게 시작한 끝에 『김미경의 리부트』를 출간하였습니다.

저도 계속 이 일을 할 수 있을까 하는 위기의식과 혼란을 겪으며 몸까지 아파서 고민이 참 많을 때였습니다. 마침 『김미경의 리부트』를 읽고 '변하지 않으면 안 되겠다.'라는 생각이 들었습니다. 그때는 코로나19로 인해 아날로그로에 익숙한 세상에서 디지털 세상으로 억지로 변화해야만 하는 상황이었습니다. 혼돈의 시간이 오다 보니 여지없이 디지털 세상을 공부하며 적응해 나가야만 하였습니다.

사람들은 '마음먹기에 달려 있다.'라는 말을 자주 씁니다. 그러나 정작 본인은 변화하는 세상에서 변화를 두려워합니다. 어려움에 닥치지 않더라도 중년 이후에 한 번쯤은 내 인생을 위해 대전환을 해볼 필요가 있습니다. 김미경 강사처럼 삶의 센서가 잘 발달되어 갑작스러운 변화 속에서도 내면의 신중함을 가지고 새로운 변화를 받아들여 잘 헤쳐 나가는 사람도 있습니다. 게다가 자기 삶도 잘 헤쳐 나가며 많은 사람의 삶까지도 바꿔 주었습니다. 우리는 김미경 강사처럼은 되지 못하더라도 발뒤꿈치, 치맛자락이라도 잡고 따라가야 합니다.

중년의 위기를 준비 없이, 벼락 맞듯 맞을 것인지, 피해 가야 할 것인지는 내 선택과 결정에 달려 있습니다. 중년의 변화는 자신의 건강뿐 아니라, 자녀 양육과 가사에도 일어납니다. 워킹맘이라면 새로운 일에 도전하기가 더욱 힘듭니다. 힘들다고 생각하면 모든 것이 힘이 들게 느껴집니다. 하지만 내 시각과 생각을 바꿔야 하는 노력은 필요합니다.

우리가 갑작스럽게 자연 재난을 당했든, 개인 재난을 당했든 생계를 위해, 또는 삶을 멋지게 살기 위해 각자 위기를 잘 대처해 나가야 합니다. 제가 공부를 시작할 때 MKYU 수강생 대부분이 워킹맘이라는 사실에 깜짝 놀랐습니다. 저도 물론 직업이 있었지만, 현재의 직업을 노후까지 지속할 수 없다는 생각과 당시 우울한 상황을 변화하기 위해 디지털 공부를 시작하였습니다. 온라인 세상 속 사람들도 저와 같은 생각을 하고 노력하고 있다는 사실에 위로가 되기도 하고 동지애가 느껴지기도 하였습니다. 정신을 바짝 차리고 나니 생각보다 신기하고 재미있는 일이 많았습니다. 변화하는 세상을 온라인 세상에서 배워 보겠다는 열정적인 모습이 날마다 놀랍기도 하고 그 모습에서 에너지를 받기도 하였습니다.

　중년 여성을 상담하다 보면 경제적 여유가 있는 사람도 있고 없는 사람도 있습니다. 그런데 공통점을 찾아보면 삶의 공허감이었습니다. 자식을 위해, 남편을 위해, 가족을 위해 열심히는 살아왔는데, '삶에 나 자신이 없다.'라는 사실입니다. 그런가 하면 어떤 분들은 '삶의 훈장'이 있습니다. 삶의 과도한 스트레스로 수술 하나씩은 기본입니다. 삶의 아픔을 겪고 나서야 나를 되돌아보게 됩니다. 저도 잘 살고 있는 줄 알았습니다. 힘든 날도 있었지만, 기쁜 날, 뿌듯한 날, 감사한 날도 있었기 때문입니다. 그러나 강제로 쉼을 얻고 나서야 제 삶을 되돌아보게 되었고, 인생에서 최고로 아름다운 시기가 중년이라는 것을 깨닫게 되었습니다. 그제야 그동안 보살피지 못한 나를 돌보게 되었습니다.

　생계 이외에 나를 살리고 내가 하고 싶었던 일이 있었나요? 나는 누구인가? 이루고자 하는 목표는 무엇인가? 스스로에게 질문해 본 적은 있나요? '나 참 괜찮은 사람이야. 참 잘 났다. 멋지다.'라고 칭찬해 본 적은 있나요?

거북이 걸음, 토끼 마음

이 질문들에 저도 할 말을 잊습니다. 부모 품을 떠나 세상을 살아가는 것이 처음이고, 엄마, 아내, 며느리도 처음이다 보니 당연히 어려울 수밖에 없습니다. 우리가 학교에서 충분히 공부하지 못하고 시험을 보거나, 로마자 알파벳만 간신히 아는데 문장을 읽고 해석해 보라는 것과 같습니다.

누가 나에게 인생 살아가는 방법과 지혜를 친절히 알려 주었더라면 얼마나 좋았을까요? 하지만 우리는 정답 없는 삶의 문제를 열심히 풀며, '이 정도 아픔은 일도 아니지.'라는 단단한 마음을 가지고 강하게 살아 나가야 합니다. '내가 이 나이에 질리지 않고 재미있게 할 수 있는 일이 무엇일까?'라는 생각을 늘 하며 미래를 기대하는 삶을 살아야만 합니다. 저도 저의 미래를 기대하며 살기 위해 여러 가지 무모한 도전을 하였습니다. 매일 수첩에 되고 싶은 것을 반복해서 써보기도 하고, 감사를 하며 살다 보면 감사 열매가 주렁주렁 달린다고 하여, 감사한 것도 매일 써보기도 하였습니다. 그리고 5년 후 나의 모습을 상상하며 목표를 적고, 롤 모델이 될 만한 분들을 찾아 연구해 보기도 하고, 책도 사서 읽기도 하였습니다.

'이제 내가 중년인데 뭘 더할 수 있겠어.'라는 생각이 불쑥불쑥 튀어 올라와 좌절하는 날도 많았습니다. 함께 공부하던 팀원 7명과 서로 위로하고 피드백을 주기도 하였습니다. 함께 성장하자고 독서 모임도 하며 성장 기록도 해보았습니다.

'여자는 약하지만, 엄마는 강하다.'라는 말처럼 제가 미혼이었다면 진작에 일을 때려치우고 싶은 날도 많았습니다. 수많은 생각의 탑을 쌓은 결과는 '그나마 해오던 일이나 하다가 말지, 뭐.'였습니다. 결론은 냈지만, 마음에 뭔가 아쉬움이 남아서인지 하루에도 수십 번씩 생각의 갈피를 잡지 못하였습니다. 긍정적인 생각과 부정적인 생각이 갈팡질팡하니, 가슴도 답답하고 우울한 기분은 늘 그림자처럼 따라다녔습니다. 어느 날은 많은 생각에 지쳐 마음 깊숙한 곳에서 쓴 물이 올라와 내 몸을 썩게 하는 듯하였습니다.

나의 콘텐츠를 찾겠다고 공부는 시작하였는데 과제는 어렵고, 남편과 아이들이 말리는 공부를 시작했는데 중도에 포기하자니 아이들에게 본이 되지 못할 것 같아 이를 악물고, 참고 견디며 공부하였습니다. 어렵지만, 젖 먹던 힘까지 다해 과제를 해서 제출하였습니다. 그때까지만 해도 목표를 써보고 앞으로 내가 그 꿈을 이루기 위해 어떻게 해야 할지 쓰기는 했지만 막막하고 답답한 상태였습니다. 그런데 김미경 학장님께서 "전문가가 되려면 10년 이상, 적어도 15년 이상은 해야 한다. 그런데 처음부터 하는 일은 전문가가 되려면 시간이 오래 걸린다."라는 말이 귓가에서 자꾸 맴돌았습니다. 제가 하던 일이 싫어 다른 일을 해보려고 시작한 공부지만, 원점으로 돌아와 제 일을 확장해 보기로 마음먹었습니다.

MKYU 유튜브 열정 대학생이 되어 <김미경의 리부트 전략 워크숍>이란 과정을 8주간 독하게 해보자는 신념으로 시작한 결과, 막연하게나마 하는 수 없이 적어 본 일들을 지금은 놀랍게도 하나하나씩 이루어 가고 있습니다. 전에는 제 삶을 과제 하듯 막연하게 살았다면, 지금은 확실한 목표 의식을 가지고 감사하며 활기차게 살고 있습니다.

제가 막연하게 세워 본 계획표를 공유해 보겠습니다. <리부트 전략 워크숍>이라는 수업을 통해 네 가지 공식을 삶에 적용하며 목표를 이루어 나갔습니다.

첫째,   리부트 공식 Ontact:
         언택트 넘어 '온택트'로 세상과 연결하라.
둘째,   리부트 공식 Digital Transformation:
         디지털 트랜스포메이션으로 완벽히 변신하라.
셋째,   리부트 공식 Independent Worker:
         자유롭고 독립적으로! 인디펜던트 워커로 일하라.
넷째,   리부트 공식 Safety:
         세이프티, 의무가 아닌 생존을 걸고 투자하라.

리부트 첫 번째 공식을 실행하기 위해서 '나만의 온라인 건물'을 설계하기 시작하였습니다.

언택트에서 온택트 세상으로 연결해 새로운 것을 받아들이는 것은 그

행복한 삶을 위한, 나만의 마음 디자인하기

리 쉬운 일이 아니었습니다. 한 번도 생각해 보지 않은 일을 실행하기 위해 계획을 짜려니 무엇부터 해야 할지 막막하였습니다. 그러나 내가 원하든 원하지 않든 세상은 변해가고 있으니 억지로 머리를 쥐어짜며 계획을 세워 보았습니다. SNS 온라인에 건물을 세우려면 SNS에 관한 공부가 필요하였습니다. 그래서 [그림 1]처럼 설계하였습니다.

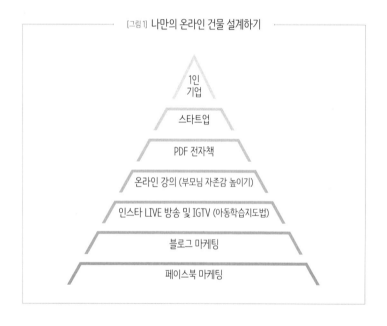

[그림 1] 나만의 온라인 건물 설계하기

- 1인 기업
- 스타트업
- PDF 전자책
- 온라인 강의 (부모님 자존감 높이기)
- 인스타 LIVE 방송 및 IGTV (아동학습지도법)
- 블로그 마케팅
- 페이스북 마케팅

나만의 온라인 건물 설계 후 두 번째 리부트 공식인 디지털 트랜스포메이션으로 완벽히 변신하기 위해 디지털 전환 비즈니스 맵을 짰습니다. 세부사항을 작성하려니 너무도 어려워 내가 현재 하는 일에서 디지털 전환을 할 수 있는 부분만 [그림 2]처럼 계획하고 기록하였습니다.

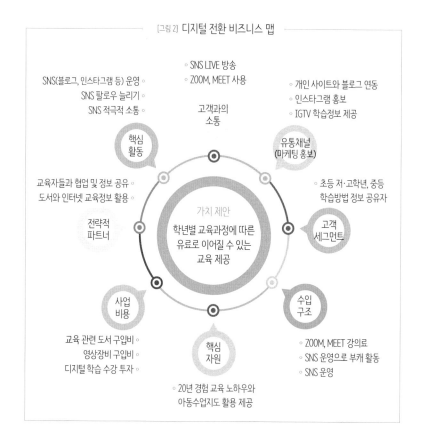

[그림 2] 디지털 전환 비즈니스 맵

다음으로는 세 번째 공식을 적용하고 계획해서 실행하기 위해 자료를 찾고 내가 공부를 시작할 수 있는 부분, 목표, 마케팅 온·오프라인 홍보 및 대상자 리서치, 부모코칭 구사능력들을 비용, 홍보 등을 세부항

목을 마인드맵으로 작성해 보았습니다. 마인드맵을 통해 리부트 공식 Independent Worker: 자유롭고 독립적으로! 인디펜던트 워커로 일하기 위해 좀 더 현실적인 계획을 세웠습니다. 그리고 매일 조금씩 구체적인 실행방법을 찾고 공부하기 시작하였습니다.

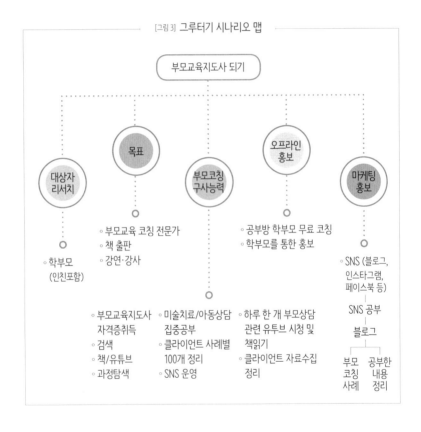

[그림 3] 그루터기 시나리오 맵

네 번째 공식은 세 번째 공식을 마무리한 다음, 리부트 공식 Safety:

거북이 걸음, 토끼 마음

세이프티, 의무가 아닌 생존을 걸고 투자하고 삶에 적용하기 시작하였습니다. 이 공식 또한 계획하는 일이 그리 쉬운 일은 아니었지만, 현재 실행할 수 있는 현재가치부터 미래가치, 사회가치까지 계획하고 하나씩 실천해 나가기 시작하였습니다. 어렵게 계획한 만큼 작심삼일이 되지 않기 위해 독한 마음을 먹고, 자신과 싸움을 하며 매일 쪼끔씩 꾸준히 공부하면서 나만의 온라인 건물 기초를 다져갔습니다.

[그림 4]

현재가치	미래가치	사회적가치
⊘ 아이들 가르치기	⊘ 자녀 진로 상담	⊘ 현재는 가르치는 아이들에게 수입의 일부를 간식이나 영화보기, 신문활용수업, 미술치료 등 다양한 서비스제공
⊘ 실력향상 시켜 자존감 높이기	⊘ 부모님 디지털교육 상담	
⊘ 아동정서 상태파악	⊘ 여러가지 부캐 만들기	
⊘ 아동 실력에 맞는 맞춤수업		⊘ 선천적 병치료 아동기부
⊘ 부모님 니즈파악 상담		⊘ 어려운 교육환경 아동기부

과제를 하느라 인생 5년 계획을 억지로 세워 봤습니다. 그런데 내가 어떻게든 스스로를 변화시켜 보겠다는 의지를 다지니, 어느 순간 계획한 일에 열매가 달리고 있었습니다. '아무것도 하지 않으면, 아무 일도 일어나지 않는다.'라는 말처럼, 억지로라도 나를 살리기 위해 종이에 끄적이며 행동으로 옮기다 보니 계획한 5년보다 훨씬 빠르게 목표를 달성한 것입니다.

여러분이 계획을 세우고 행동으로 옮겼는데도 목표에 도달하지 못했

행복한 삶을 위한, 나만의 마음 디자인하기

다면, 내가 집중할 것에만 집중했는지, 사전에 철저히 준비했는지, 즐거운 마음으로 즐기며 했는지, 남에게 도움이 되었는지 등을 살펴보면 좋겠습니다. 목표한 일이 제대로 이루어지지 않았다면, 목표를 좀 더 구체적으로 잡고 매일 조금씩, 아니 매일이 아니라도 자신의 건강과 여건이 허락할 때마다 하고자 하는 것을 생각하며 집중해 보십시오. 머지않아 자신이 원하는 방향에 도달해 있을 겁니다.

거북이 걸음, 토끼 마음

평생 살 것처럼 꿈을 꾸어라.

그리고 내일 죽을 것처럼 오늘을 살아라.

- 제임스 딘 -

희정이의 　　　 추천도서

『김미경의 리부트』, 김미경, 웅진지식하우스, 2020.

행복한 삶을 위한, 나만의 마음 디자인하기

"

5

'뇌'를 효율적으로
활용하는 방법

천성을 이기는 것은 습관입니다

초등학교 6학년 수학여행 때 생긴 일입니다. 그때 저는 한창 유행하던 노래를 좋아했습니다. 원체 쑥스러움이 많은 터라 누구 앞에서 노래하는 것은 생각도 못 할 일이었습니다.

엄마의 말에 따르면 제가 예닐곱 살 때, 눈이 동그랗고 얼굴도 하얗고 예뻐, 동네 어른들이 '인형'이라는 별명을 지어 주었다고 합니다. 우리 윗집은 큰언니 친구 집이기도 하고, 엄마와 친한 집이기도 하였습니다. 그 아주머니가 저를 참 예뻐했다는데, 당신들의 자식들은 다 커서 도시로 나가고 없으니, 아랫집 꼬마가 얼마나 예뻤던지 맛있는 것을 주거나 용돈을 주며, 노래하고 춤을 추라고 하였답니다. 담배 농사가 한창일 시절, 윗집은 담뱃잎을 건조하기 위해 쪼그리고 앉아 긴 시간 일하려니 힘들고 지쳐, 아랫집 꼬마 재롱을 보며 고단을 잠시나마 덜었던 모양입니다.

거북이 걸음, 토끼 마음

제가 사는 동네는 시골이라 유치원이 없어 유치원은 다니지 못했습니다. 그러나 저 혼자 유치원 재롱잔치를 여러 날 동안 했었나 봅니다. 어떤 노래와 춤을 추었는지는 기억이 나질 않습니다. 어린 꼬마가 1시간은 너끈히 노래하고 춤을 추더랍니다. 사실 저는 기억이 전혀 나지 않습니다. 초등학교 1학년 이후로는 학교에서나 어디에서 한 번도 노래해 본 적이 없습니다. 쑥스러워 상상도 못 할 일이었습니다.

어린 시절 무대에 섰던 경험이 있어서 그랬을까요? 6학년 때, 수학여행 버스 안에서 조용히 앉아 있는데, 반 친구들이 노래하라고 하도 권유해서, 못 이기는 척 노래를 한 곡 한 적이 있습니다. 얌전하던 아이가 쑥스럽게 자리에서 마이크를 받아 들더니, 일어나서는 선곡한 곡에 맞추어 노래를 하였습니다. "따라라라 딴따따따 따라라라 딴다다다 따다다 따다다~" 전주곡이 나오니 아이들이 환호하며 함께 따라 부르고 춤을 추었습니다. 그 시절은 한국을 대표하는 관광버스 춤이 한창이었습니다.

제가 부른 노래는 유미리 씨의 <젊음의 노트>란 곡입니다. 지금도 이 곡을 들으면 6학년 수학여행이 떠오르고 반 친구들이 놀랐던 장면이 떠오릅니다. 초등학교부터 고등학교 다닐 때까지 처음이자 마지막으로 불러 보았던 노래입니다.

지금 생각해 보니 초교 6학년 때 무엇을 안다고 '젊음의 노트'란 곡을 좋아하고 따라 불렀을까요? 아버지가 음악을 좋아하셨지만, 평소에

'뇌'를 효율적으로 활용하는 방법

는 표현 못 하다가 술을 드실 때만 내면의 흥을 표현한 게 아닌가 싶습니다. 아버지 내면에도 이루고자 하는 꿈, 열정, 흥, 밝음이 있지 않았을까? 라고 생각해 봅니다. 아버지도 평소 노래도 하고 싶고 즐겁게 살고 싶은, 간절한 소망이 있었을 듯합니다. 삶이 바쁘고 열심히 사느라 고달프지만, 밖으로 표출 못 하고 산 아버지가 가엾고 안타까운 마음에 그리움이 남습니다.

저도 아버지를 닮아 숨어 있는 흥이 있는지도 모릅니다. 아마도 우울한 감정을 잊어버리고 싶어서 템포가 빠른 음악을 좋아하는 계기가 되지 않았나 싶습니다. 지금도 곡이 신나면 따라 부르고 몸이 덩실덩실 움직입니다. 저는 음악을 들을 때 가사는 자세히 보지 않고, 빠른 템포의 음악이면 좋아서 따라 하였는데, 지금 생각해 보면 가사의 의미를 되새기며 슬픈 생각하는 것이 싫어서 그랬던 것 같기도 합니다. 템포가 빠른 음악으로 기분을 즐겁게 변화하고 싶은 욕구가 있기도 했던 것 같습니다. 이제는 가사를 음미할 수 있는 음악도 좋아하고, 클래식도 좋아합니다.

여러분은 자신의 성격을 잘 이해하고 인정하시나요? 15여 년 전 미술치료사 자격 과정을 배우며 MBTI, 에니어그램, 디스크 등 간단 테스트를 한 적이 있습니다. 저는 내향형이라고 생각하고 있었습니다. 그런데 검사 결과가 외향형으로 나왔습니다.

미술치료 HTP(House-Tree-Person Test) 그림 검사 후, 교수님께서 제가 그린 그림을 해석하셨는데, 한껏 차려입은 정장 차림으로 집에서 멀리 떠나 외부 세계로 가려는 그림으로 보아 사회생활을 하고 싶은 욕구가 있다고 하셨습니다. 그리고 어릴 때 양육 환경에 영향을 받아 본래 외향형 성격인데 내향형 성격으로 자랐을 가능성도 있다고 말씀해 주셨습니다. 그때는 이해가 되지를 않았는데, 요즘 저의 행동을 보면 외향적 성향이 두드러지게 나타남을 알 수 있습니다. 평소 제가 생각하던 나와 '다른 나'를 발견할 때 이해되지 않던 부분이 요즘은 이해가 됩니다.

저는 사실 다른 사람 앞에서 칭찬받거나 발표하는 것을 별로 좋아하지 않습니다. 다른 사람을 조용히 돕고, 챙기면서 편안한 관계를 맺는 걸 좋아하는 편입니다.

20대 초반만 해도 쑥스러움이 참 많았습니다. 20대 중반부터 어느 순간 제가 밝고 명랑하며 적극적인 성격을 소유하고 있다는 것을 알게 되었습니다. 신기한 것은 30대 초반 검사했던 MBTI 유형이 지금까지 한 번도 바뀌지 않았다는 것입니다. 전문가가 되고 나서야 성격이 환경에 영향을 받는다는 사실을 알게 되었습니다.

직업 환경 구조상 영향도 있지만, 저는 감정 기복이 많습니다. 제 성격을 이해하는 데 참 오랜 시간이 걸렸습니다. 두 자녀를 양육하면서 온갖 어려움으로 '돌아이가 된 건가? 짜증 대마왕, 다혈질 여사'가 된 듯해 어느 날은 아이들에게 미안하고 민망하다는 생각이 들었습니다. 나를 찾기 위해 MBTI, 기질 검사, 에니어그램, 다중지능검사, 디스크, 성향 심리검사 등을 해보고 나서야 제가 정상인이라는 것을 알게 되었습니다. 어렸을 때

'뇌'를 효율적으로 활용하는 방법

부모님의 양육 과정과 가정 환경의 영향이라는 것을 알고 나니, 나를 좀 더 이해하고 사랑해 줄 수 있었습니다.

지금은 나의 성향을 잘 알고 이해하다 보니, 약점은 개선하고 강점은 살려 삶을 좀 더 긍정적 자세로 바라보고 살아가려고 노력합니다.

부모, 자녀와 상담할 때 간단 성격 테스트로 MBTI를 활용합니다. 검사 결과를 토대로 다름을 인정하되 약점은 보완하고 강점은 살리자고 상담합니다. 대인관계를 하다 보면 의도치 않게 타인을 오해하는 경우가 많습니다. 그 사람은 전혀 생각하고 있지 않은데, 자신의 열등감이나 민감함을 상대에게 투사하여 과민하게 반응할 때가 있습니다. 나의 성향을 잘 알아차리고 이해한다면 타인과 좀 더 유연하게 관계를 맺을 수 있고 대처할 수 있습니다.

당신은 태어난 것만으로도 소중하고 귀한 존재입니다.

자신을 있는 그대로 바라봐 주어야 합니다.

부족한 것은 조금 더 채우고자 노력하고, 강점은 잘 살려야 합니다.

이제 더는 타인의 삶과 비교하며 쫓아가지 말아야 합니다.

밉든 곱든 나는 나입니다.

천성을 이기는 것은 습관이라고 합니다. 어떤 행동을 반복한 지 21일이 지나면 습관이 되고, 63일에서 100일 정도가 되면 자동화가 된다고 합니다. '습관 형성'이 그리 쉬운 일은 아닙니다. 고도의 집중과 몰입이 필요한 일입니다. 쉽지만은 않지만, 뭔가 내 인생이 잘못되었다고 인지하고 깨달았다면, 꼭 습관을 바꿔야 합니다. 인생을 살다 보면 내 맘대로 흘러가지 않는 일이 한둘이 아닙니다. 부부 관계, 자녀, 직장, 인간관계 등 뜻대로 풀리지 않는 일이 많습니다. 내가 계획한 대로 척척 이루어지면 얼마나 좋을까요? 일이 생각대로 잘 풀리지 않으면 어느 날부터인가, '에라 모르겠다. 어떻게든 되겠지.'라고 생각하고 나를 한계에 가두고 포기해 버립니다. 내면의 감정과 의식이 결합하여 자신을 객관적으로 볼 수 없는 상태가 됩니다.

부정적으로 생각하는 습관은 양육 환경이나 가정 환경의 영향도 있지만, 건강도 중요한 원인을 차지합니다. 긍정적인 생각을 하고, 비합리적인 신념을 합리적인 신념으로 바꾸려면, 일단 건강 체크부터 해보는 것도 중요한 방법입니다. 건강한 몸에서 건강한 생각이 나오듯, 육체적으로 건강하지 못하면 우울함이나 부정적인 생각이 더 자주 찾아올 수 있습니다. 『리듬』을 쓴 김상운 저자는 '생각에도 리듬이 있다. 박자만 맞춰 주면 어떤 부정적인 생각도 순식간에 날아간다. 부정적 생각을 싹 날려버리는 도구가 리듬이다.'라고 말합니다.

하버드 의대의 필레이 박사는 "모든 부정적 생각의 뿌리는 생존하지 못할까 하는 두려움이며, 두려움의 원인을 인지해 주는 순간 부정적인 생각은 저절로 사라진다."라고 합니다.

이분의 말처럼 부정적인 생각이 큰 노력 없이 사라지면 얼마나 좋을까요? 부정적인 생각을 없애기 위해 사람마다 자신에게 맞는 방법을 찾아야 합니다. 저는 육체적 약함, 부모에게서 학습된 부정적 말 습관, 행동 등을 변화하기 위해서, 우선 말 습관 하나를 바꿔 보기로 노력하였습니다.

"나, 왜 이렇게 멋지냐! 아자잣!"
"나는 날마다 모든 면에서 점점 더 좋아지고 있다."

하며 소리 내어 외치기 시작하였습니다.

저 혼자 실행하면 하다가 멈출 것 같아, 제가 운영하는 SNS의 부모 교육 피드에 끝인사로 올리기 시작하였습니다. 처음에는 너무도 쑥스럽고 어색하였습니다. '내가 멋지지도 않은데 이 말을 쓰면 사람들이 뭐라고 생각할까?'라는 부정적인 생각이 밀고 올라왔습니다. 하지만, '부모 교육을 한다는 사람이 자신이 변화하지 못하고, 실행하지 않는다면 누구를 변화시킬 수 있을까?'라는 생각이 들어 용기 있게 글을 올렸습니다.

기분상 그랬을까요? 어느 날 거울로 저의 모습을 보니, 밝은 표정과 긍정적인 모습이 보이기 시작하였습니다. 무엇을 뛰어나게 잘해서가 아니라 단지, 긍정적 문장을 하나 소리 내어 말했을 뿐인데, 지인들에게 '너 정말 멋지다. 너 대단하다. 존경스럽다.'라는 긍정적인 피드백을 받았습니다.

거북이 걸음, 토끼 마음

존 바그 박사는 "힘 빠지는 단어를 보면 실제로 몸에서 힘이 빠진다." 하고 말합니다. 실제로 예일대학 교수인 레비(Becca R. Levy)도 노인들에게 비슷한 실험을 하였습니다. '노쇠한, 무기력한, 백발' 등의 단어들을 읽어 보도록 했더니, 실제로 노인들의 걸음 속도가 느려졌고, 기억력도 떨어지고, 혈압이 올라갔으며, 삶의 의욕도 한풀 꺾였다고 합니다. 그럼 거꾸로 긍정적인 단어들을 보게 하면 어떨까요? 이전보다 10퍼센트나 건강한 모습과 긍정적인 태도를 볼 수 있었다고 합니다.

타인의 슬픈 이야기를 들으면 눈물이 나고, 즐겁고 신나는 이야기를 하면 즐거워지듯이 우리가 쓰는 말, 단어에 평소 신경을 써야 합니다. 우리는 의식적으로 좋은 생각을 선택하고, 좋은 감정을 선택하여 긍정적인 단어들을 일상생활에서 쓸 수 있도록 노력해야 합니다.

자신감 있는 표정을 지으면 자신감이 생긴다.

- 찰스 다윈 -

·········· 희정이의 　추천도서 ··········

『리듬』, 김상운, 정신세계사, 2015.

노화를 늦추는 6가지 비결

'말하는 대로 이루어진다.', '긍정 확언', '미라클 모닝' 등 요즘은 성공하는 삶을 살기 위하여 많은 사람이 노력합니다. 세상이 빠르게 변하고 있는 만큼 변하는 세상을 빠르게 알아채지 못하면 도태되기 십상입니다. 그러니 나만의 창의적 아이디어로 콘텐츠를 만드는 것은 필수인 시대가 되었습니다. <클래스101> 강의, 유튜브, PDF 전자책, <브런치> 작가, 블로그, 인스타그램, 페이스북 등 파이프라인을 만들어 잠자면서도 수입을 올리려는 사람이 상당히 많아졌습니다. 요즘은 특히나 지식 사회이기 때문에 다양하게 자기만의 콘텐츠로 온라인 건물을 세우고, 1인 기업가가 되기도 합니다. 기본값의 지식은 있지만, 남들과 차별화된 콘텐츠를 만들어서, 그들의 문제를 얼마나 해결해 주느냐가 최대 관건입니다.

온라인 세상에서 쉼 없이 홍보하며, 치열하게 소리 없는 경쟁을 하기

'뇌'를 효율적으로 활용하는 방법

도 하고, 누군가는 도태되기도 합니다. 자신만의 콘텐츠를 찾다가 결국은 온라인 세상을 접기도 합니다.

사실 저는 기질과 성격상 아이디어가 많거나 새로운 일에 도전하는 것을 즐기는 사람은 아닙니다. 제 몸 하나 이끌고 사는 것도 힘들고 어려워하는 사람입니다. 새로운 변화는 싫어하지만, 성장 욕구는 강하고 타인의 행복을 돕는 것이라면 어디든 발 벗고 나서는 성향이기는 합니다. 나의 몸과 마음을 먼저 챙기고 살아야 했는데, 어리석게 그러지 못했습니다.

'모로 가도 서울만 가면 된다.'라는 속담이 있습니다. 무슨 수단이나 방법을 써서라도 목적만 이루면 된다는 말입니다. 요즘은 사회나 기업 경영 방향이 많이 바꾸고 있습니다. 환경을 생각한 ESG경영, 타인의 성공을 돕는 기버(돕는 자), '베푸는 사람이 성공한다.'라고 하여 연예인 중에 기부를 많이 하는 분도 계십니다.

기부를 하는 분들이 공통적으로 하는 말이 있습니다. '내가 형편이 그리 넉넉하지 않아서 부족할 것 같은데, 베풀면 그만큼 더 많이 채워진다.'라고 말입니다. 저도 남들 모르게 조금씩 기부하고 있습니다. 무엇인가를 바라고 하는 일은 거의 없습니다. 단순하게 생각합니다. 지금 와서 생각해 보면, 금전적인 것이 아니더라도 가정에 좋은 것으로 연결되고, 평안함을 줬습니다. '인생은 선순환이다.'라는 말이 딱 맞는 것 같습니다.

거북이 걸음, 토끼 마음

요즘은 기업이든 개인이든
'정직, 신뢰, 진정성, 투명성'이 성공의 가장 큰 비결인 것 같습니다.
남을 짓밟고, 거짓으로 경영하면, 언젠가 세상에 드러나게 되어 있습니다.

앞서 말한 것처럼 저는 재능이 특출나거나 뭔가를 뛰어나게 잘하는 편은 아닙니다. 어쩌다 보니 생계를 위해 작게 시작해서 현재까지 꾸준히 해오고 있습니다. 다른 일로 전향해 보려고 몇 번 시도 해보기는 했지만 실패하였습니다. 저는 새로운 환경에 적응하는 것을 많이 힘들어하는 편입니다. 뭔가 새롭게 배울 때 '내가 잘할 수 있을까?'라는 두려운 생각 때문에, 새롭게 시도하는 것을 참 어려워하는 사람이기도 합니다.

예전부터 가르치는 직업에 대한 회의와 힘겨움으로 그만두려고 참 많이 고민해 왔습니다. 너무 많이 고민하다 보니 스트레스로 과민대장증후군 진단을 받기도 하였습니다. 그 이후로 모든 일을 멈추고 쉬면서 생각을 줄이기 시작하였습니다. 예민하게 일을 처리하고 진행하는 일과 거리를 두니 건강은 좋아졌지만, 성격상 몸이 편하면 밤에 잠을 잘 자지 못하는 편입니다. 유전적이라 낮에 피곤하게 일을 해야 그나마 잘 자는 편이었습니다. 생각이 워낙 많은 편이라 뇌를 남보다 더 피로하게 만들다 보니, '제2의 뇌'라고도 하는 대장에까지 영향을 끼친 것 같습니다.

나이가 들면 몸이 노화되면서 자율신경(신체를 구성하는 여러 장기와 조직의 기능을 조절하는 신경)의 기능도 저하됩니다. 신체의 노화가 원인이기도 하지만, 점점 편함과 쾌적함을 추구하다 보니 자율신경 기능이 현저히 저하되어 있다고 합니다. 실제로 TV 리모컨의 발명은 인간에게 편리함을 주었지만, 비만 인구가 증가했다고 합니다.

우리가 스트레스를 받으면 급격하게 뇌가 피로해집니다. 현재 건망증, 인지능력 저하, 기억력이 떨어지고 있다면 뇌에 피로가 많이 쌓였다는 증거입니다. 우리 몸에서 에너지의 20퍼센트를 뇌가 쓰고 있습니다. 뇌는 외부에서 에너지 보충을 잘해 주어야 합니다. 자율신경을 조정하는 것만으로는 부족하므로 더 단련해야 합니다. 자율신경을 단련하면 불리한 상황에 직면해도 평형 상태로 회복력을 키울 수 있습니다. 이시형 박사님이 추천하는 '자율신경 단련, 회복력 키우는 방법' 여섯 가지를 알려 드리겠습니다.

첫째, 몸을 자주 조금씩 움직여라.

작은 동작이라도 몸을 꾸준히 움직이면, 자율신경은 반응한다고 합니다. 저 같은 경우 오후 내내 앉아서 일하는 직업이다 보니, 최대한 몸을 움직이며 가끔씩 스트레칭을 하려고 노력합니다. 정신없이 바쁠 때는 그럴 겨를이 없지만 되도록 지압 슬리퍼를 신고, 작은 움직임(기지개 켜기, 스트레칭 등)을 하고 노력합니다.

나이가 들수록 움직임이 줄어들면 자율신경에 자극이 없어져, 효율이 떨어질 수밖에 없다고 합니다. 집안일은 비효율적으로 하는 것이 좋다고 합니다. 직장인 엄마 가운데 조미료를 덜 쓰고 자연 재료를 쓰며, 정직하

거북이 걸음, 토끼 마음

게 요리하는 집을 찾아 정기적으로 시켜 먹는 가정도 있습니다. 저도 마트에 가면 반찬 판매대에서 조미료 맛이 덜 나는 반찬을 가끔 사먹기도 하지만 사먹는 음식은 금방 질리기도 해서 거의 직접 요리해서 먹습니다.

배달 음식은 건강에 나쁠 뿐 아니라 자율신경기능이 저하하기도 합니다. 되도록 재료를 씻고 다듬으며 요리하는 것이 자율신경을 강화하는 데 도움이 된다고 합니다. 그 외에도 승강기보다 계단을 이용하는 것, 온몸을 흔들며 조킹(조깅+워킹) 하는 것이 더 효과적이라고 합니다.

둘째, 천천히 먹어라.

식사할 때 TV나 신문을 보면서 음식을 먹을 때가 있습니다. 이런 행동은 교감신경이 흥분하여 균형을 깨지게 하기 때문에 음식물을 되도록 천천히 씹고, 가족이나 친구와 즐거운 대화를 나누며 식사하는 것이 좋다고 합니다.

밥 한 숟가락에 30회 씹고 넘기라는 말이 있습니다. 유럽 어떤 나라는 식사 시간이 2시간인데, 코스 요리를 즐기고 나서 가벼운 산책도 하는 등 여유롭게 시간을 보냅니다. 그러나 우리나라처럼 '빨리빨리'가 일상화된 생활에서는 참 쉽지 않은 일 중 하나가 '천천히 하는 식사'입니다. 그래도 저녁 한 끼만큼이라도 가족들과 천천히 식사하며, 여유롭게 대화하는 시간이 필요합니다. 일주일에 두어 번 정도라도 가족과 함께 즐거운 식사 시간을 가지면 좋겠습니다.

'뇌'를 효율적으로 활용하는 방법

셋째, 얇게 입어라.

우리의 신경세포 하나하나가 알고 보면 정말 신기합니다. 겨울이라고 너무 옷을 두껍게 입으면, 체온이 평소대로 유지되어 자율신경이 체온을 조절할 필요가 없다고 합니다. 따라서 얇게 여러 겹 겹쳐 입고, 상황에 따라 입고 벗는 것이 좋다고 합니다. 여름에도 에어컨 앞에 너무 오래 있으면 땀샘이 할 일이 없어지면서 자율신경 기능이 저하된다고 합니다. 더울 때는 땀을 흘려야 자율신경기능 단련에 좋다고 합니다.

넷째, 반신욕을 하거나 따뜻한 물로 샤워하고 잠자리에 들라.

41도인 열탕에 들어가면 뜨거운 열기로 교감신경이 흥분된다고 합니다. 10분 정도 열탕에 머무르면 20분 정도 가볍게 운동하는 효과가 있다고 합니다. 제가 몸이 좋지 않을 때, 한의사님께서 자기 전 뜨거운 물로 가볍게 샤워하고 자라고 한 원리도 이 때문이었던 것 같습니다.

다섯째, 스트레칭하라.

아침에 눈을 뜨자마자 벌떡 일어나는 것보다 온몸을 쭈우욱 펴며 스트레칭하면 교감신경이 자극되어 단련 효과를 높일 수 있다고 합니다. 바쁜 하루하루를 시작하다 보면 알람 시간에 억지로 깨어 벌떡 일어날 때가 있습니다. 제가 통합명상을 배운 후로는 편안하게 복근 호흡을 하면서, 코로 들이쉬고 내쉬기를 반복하며 가볍게 명상하고 스트레칭한 뒤 일어납니다. 바쁘게 벌떡 일어날 때보다 기분도 좋고, 몸도 마음도 한결 가볍

거북이 걸음, 토끼 마음

게 일어날 수 있습니다. 한번 시도해 보시기 바랍니다.

여섯째, 운동으로 단련하라.

운동이 내 몸에 독이 되어서는 안 됩니다. 걷기, 계단 오르기, 자전거 타기, 팔굽혀 펴기, 스쿼트, 수영, 필라테스 등 다양한 운동이 있습니다. 통합명상에서는 아주 천천히 걸으며 심호흡만 잘해도 살도 빠지고 건강에도 좋다고 하였습니다. 빨리 걷기는 쉬워도 천천히 걸으며 심호흡을 하는 것은 생각보다는 어렵습니다. 하지만 이 방법이 스트레스 진정 작용을 합니다.

남이 아무리 좋다고 한들 실행하지 않으면 아무 소용이 없습니다. 제가 체력이 무척 좋지 않을 때, 한의사님께서 집안에서 20분 정도 가족과 풍선 치기, 신나는 음악을 들으며 20분 정도 막춤 춰보기 같은 처방을 내린 적이 있습니다.

저는 늘 앉아서 일하는 직업이다 보니 허리가 별로 좋지 않습니다. 남편이 매달리기 30초씩 3세트라도 매일 하라고 알려 주어 그런 방법도 해보고 있습니다. 처음에는 2, 3초도 매달리지 못하였는데 요즘은 20초 정도는 잘 매달릴 수 있습니다. 무엇이든 매일 조금씩 노력하다 보니 운동 실력이 좋아지는 것 같습니다.

몸이 건강해야 뇌가 아이디어를 잘 낼 수 있습니다. 살다 보면 실행력도 좋고 자기 일을 잘 헤쳐 나가는 사람도 있습니다. 그런 사람을 볼 때마다 부럽다는 생각이 듭니다. 그런데 신기한 연구 결과가 있습니다. 나이가 70, 80을 먹어도 뇌는 생각하면 할수록 활성화되어 퇴화하지 않는다고 합니다. 어떤 일을 해내기 위해 계속 아이디어를 생각해 내다 보면, 나이에 상관없이 자신이 필요로 하는 아이디어가 고구마 줄기처럼 줄줄이 나온다고 합니다.

저도 제 콘텐츠를 운영하며 매일 고민하고 노력하다 보면, 생각보다 아이디어가 좋아진다고 느낄 때가 있습니다. 아이디어의 끝이 고수입으로 연결되면 좋겠지만, 그렇지 않을지라도 뇌가 퇴화하는 것을 막고 활성화하기 위해서는 새로운 일을 하거나 낯선 곳에 가보고, 자신이 좋아하는 책을 읽는 등 다방면으로 노력해야 합니다. 나이를 먹었다고 좌절하거나 노년으로 가는 길목에 섰다고 자신을 포기하지 않았으면 좋겠습니다.

거북이 걸음, 토끼 마음

내가 헛되이 보낸 오늘은

어제 죽어간 이들이 그토록 바라던 하루다.

단 하루면, 인간적인 모든 것을 멸망시킬 수도

다시 소생시킬 수도 있다.

– 소포클레스 –

······ 희정이의 추천도서 ······

『당신도 느리게 나이 들 수 있습니다』, 정희원, 더퀘스트, 2023.

스트레스를 줄이는 쉬운 방법

SNS 세상에 입문하고 나니 세상이 정말 빠르게 돌아간다는 생각이 듭니다. SNS를 하다 보면 나도 무엇인가를 서둘러 해야겠다는 생각으로 불안, 강박, 두려움이 몰려오기도 합니다. '남들은 어찌 그리 잘하는지?' 라는 생각이 절로 듭니다. 사진이면 사진, 영상이면 영상, 글이면 글, 소품과 의상 코디 등 뭐 하나 부족함 없이 올립니다. 뭐 하나 제대로 못 하는 저는 부럽기까지 합니다. 처음 몇 달간은 나도 온라인 세상에서 뭔가를 만들고 이루어 보겠다고 3시간, 5시간, 7시간을 SNS에 빠진 적도 있습니다. 배울 것도 많고 할 일도 많았습니다. 평소에 해보지 않은 일들이라 호기심이 발동해 재미있기도 하고 신나기도 했지만, 딱히 잘하는 것도 없어 고민이 되었습니다. 나만의 콘텐츠를 찾지 못하니 의욕이 상실되었습니다.

거북이 걸음, 토끼 마음

SNS를 하다 보면 왠지 모를 마음 답답함, 우울감, 의욕 저하를 불러일으키기도 합니다. 실제로 유럽 어느 국가에서는 10대가 SNS를 하지 못하게 차단한다는 기사를 본 적이 있습니다. 10대가 타인과 자신을 비교하다가 좌절해 자살률이 높아지기 때문입니다.

어느 날은 사흘, 일주일, 주말 등 SNS와 거리를 두었습니다. 남들은 잘하고 잘 사는 것 같은데 나만 뒤처지는 느낌이 들고 부족한 것 같아 남들과 비교하기 시작했습니다. 그러다 보니 뇌의 피로와 육체적 피로가 점점 심해져 나만의 방법을 찾기로 하였습니다. 뇌의 피로를 방치했다가는 만병의 근원이 되기 때문입니다. 이시형 박사님 저서에 따르면 진짜로 피로한 곳은 '몸'이 아니라 '뇌'라고 합니다. 뇌의 피로는 정신 문제뿐만 아니라 신체 문제까지 일으켜서 내분비 대사 기능, 면역 기능 등에 이상이 오게 합니다.

뇌 피로 3대 증후군에 속하는 증상이 있습니다. 3대 증후군에 대해 알아보겠습니다.

첫째, 면역 증후군: 장염, 위염, 구내염, 등 각종 감염증, 알레르기, 암
둘째, 대사 증후군: 비만, 당뇨, 지방간
셋째, 자율신경 증후군: 심장병, 고혈압, 불면증, 갱년기 장애, 우울증

우울증 환자는 감기에 더 잘 걸린다고 합니다. 감기에 걸리는 이유는

스트레스와 뇌 피로로 인해 저항력이 약화된 탓이라고 합니다. 저의 생활 습관만 살펴봐도 뇌 피로가 습관병을 줄줄이 만든다는 말이 일리가 있습니다. SNS에 너무 신경 쓰다 보니, 처음에는 도파민, 세로토닌, 옥시토신 등을 분비해 즐겁고 신나고 삶의 재미가 느껴졌습니다. 그런데 어느 순간 두통, 소화 불량, 잦은 감기에 노출되었습니다.

이시형 박사님 말씀에 따르면 '뇌에는 뇌만의 회복법이 따로 있다.'라고 합니다. '수면을 위한 멜라토닌, 행복 조절 호르몬인 세로토닌, 사랑의 옥시토신'이 뇌 피로 해소의 3대 요소입니다. 그중 수면은 무엇보다 중요합니다. 수면의 절대량이 부족하거나, 충분히 자지만 수면의 질이 나쁘면 피로가 풀릴 수 없습니다. 뇌가 완전한 휴식을 취하기 위해서는 꿈이 거의 없는 비렘수면(non-REM sleep)을 취해야 한다고 합니다. 하지만 일상에서 스트레스를 많이 받으면, 비렘수면을 하기가 어렵습니다. 전문가들은 잠을 잘 때, 침대에서 최소 1미터 이상 떨어진 거리에 핸드폰을 놓고 자야 좋다고 말합니다. 그러나 우리는 보통 아침 알람 설정 때문에 수호신 모시듯 핸드폰을 옆에 놓고 잡니다.

저는 아이를 키울 때, 일찍 자야 큰다고 해서 밤 9시부터 재운 기억이 납니다. 실제로 성장호르몬이 밤 10시부터 새벽 2시 사이에 가장 많이 분비됩니다. 그렇기 때문에 늦어도 밤 11시 전에는 자야 합니다.

성인이 되었다고 성장호르몬 분비가 멈추는 것이 아닙니다. 성인의 성장호르몬은 중요한 역할을 합니다. 밤 10시부터 새벽 2시 사이의 첫잠

90분 동안 분비되는 성장호르몬은, 피로 해소에 결정적인 역할을 한다고 합니다. 이 시간을 이시형 박사님은 '황금시간'이라고 말합니다. 이 시간 대를 놓치고 더 많이 자봤자 피로 회복에는 큰 도움이 되지 않는다고 합니다. 물론, 직업상 양질의 수면을 취할 수 없는 분들은 20분 정도 낮잠 자기 등 자기만의 수면법으로 숙면하면 스트레스 관리에 도움이 된다고 합니다.

저는 할 수 있는 만큼 햇빛 보며 걷기, 충분한 수면, 일상생활에서 작은 일에도 감사하기 등 나만의 회복법으로 스트레스를 관리하였습니다. 지혜롭고 현명한 부모는 본인의 컨디션을 잘 조절하고 챙겨야 합니다. 정신적 육체적 건강을 위해 조금은 이기적일 필요가 있습니다.

가정마다 환경이 다릅니다. 경제적 여건은 좋지만, 부모의 유명세나 직업상 역할을 감당해 내느라 바쁜 나머지 자녀와 원활한 소통이 이루어지지 않는 예도 있고, 부부가 모두 일해야만 가정 경제를 꾸려 나갈 수 있어서 어쩔 수 없이 맞벌이를 선택하는 예도 있습니다. 저는 바쁜 부모님들께 '양보다 질이다.'라고 상담해 줍니다. 엄마 혼자만 노력해서는 힘들기에 아빠 상담도 같이하는 경우가 있습니다. 아빠 상담을 하며 이야기를 들어 보면, 가장으로서 책임을 감당하느라 가정이나 자녀들에게까지 관심 가지기 힘들다고 말합니다. 사회생활, 자영업을 하는 것만으로도 정신적, 육체적 피로감이 쌓여 일할 의욕도 없지만, 어쩔 수 없이 가정을 유지해 나가야 하는 상황이라 아빠의 힘든 정신적 고통을 자녀나 아내에게

'뇌'를 효율적으로 활용하는 방법

이야기할 수 없다고 합니다. 그러면 저는 입을 닫지 말고, 직장에서 힘들었던 일을 화제 삼아 아내나 자녀와 가볍게 이야기 나누고, 자녀가 아빠 직업에 참여하여 직업 체험을 할 수 있게 해보라고 권유하기도 합니다. 또, 꼭 원거리 지역이나 해외여행을 가지 않고라도, 가격이 적당한 텐트를 사서 집과 가까운 곳에서 캠핑하듯 같이 자고 이야기하는 것도 추천합니다. 이렇게 하면 많은 돈을 들이지 않고도 자녀의 정서를 풍부하게 하여 안정을 찾을 수 있습니다. 그리고 가장인 아빠도 가족에게서 소속감을 느끼고, 에너지와 면역력을 충전해야 한다고 상담하기도 합니다. '가화만사성'이란 말처럼 가정이 화목해야 직장 일이나 개인 사업이 잘될 수 있습니다. 일의 성패를 가르는 곳이 가정임을 아빠들에게 다시 한번 인지시켜 줍니다. 아빠 상담을 해보면 가족을 위해 혼자 외롭게 감당해 나가야 하는 아빠들의 현주소에 마음이 씁쓸해집니다.

우리가 살면서 하루에 감사를 얼마나 하나요? 뇌에 가장 효과적인 피로 해소제가 있습니다. 우리는 일상생활에서 얼마든지 행복과 사랑의 감정을 갖거나 나눌 수 있습니다. 자녀나 남편, 가족, 타인과의 관계에서

"너를 만나서 감사하고 행복해."

"너를 만나니 마음이 편안하고 좋아."

"바쁜 데 엄마(나)를 도와줘서 고마워."

"나의 온몸으로 활동할 수 있어 감사하다."

거북이 걸음, 토끼 마음

"나의 건강한 신체 감각들이 있어서 감사하다."

"기분이 좋다. 오늘 하루가 시작되었네. 일할 수 있음에 감사하다."

라며 감사와 감동을 표현하는 말을 하면, 우리를 존재감 있는 사람으로 만들어 주기도 하고, 내 마음을 편하게 만들어 뇌에 피로가 쌓이는 것을 방지하기도 합니다. 이때 뇌에서 분비되는 호르몬이 세로토닌과 옥시토신입니다. 이 물질들은 행복 호르몬으로 스트레스를 줄여 줍니다.

한스 셀리에 박사도 스트레스 홍수 시대인 오늘을 살아가는 비결로 '감사'를 으뜸으로 꼽았습니다. 뇌에 쌓인 스트레스, 피로를 해소하고 예방하는 방법은 '감사와 감동'을 느끼는 것입니다, 이것은 좋은 치료제이기도 합니다.

우리는 피곤해 지쳐 많은 생각으로 하루를 시작합니다. 생각이 꼬리에 꼬리를 물어 긍정적이고 좋은 생각보다는 부정적인 생각을 더 많이 하게 됩니다. 뇌의 피로를 줄이려면 불필요한 일과 생각을 정리하는 것이 필수입니다. 이렇게 하면 확실히 몸의 피로도 덜 느껴집니다.

할 일이 태산이라면 아예 긍정적인 생각을 하기 위해 부단히 노력하고, 너무 힘들 때는 하던 일을 잠시 멈추고 저녁 하루, 1시간이라도 나만의 충분한 휴식을 취하는 것이 좋습니다. 조금은 무심하고 둔감하게 살아갈 때 정신적, 육체적으로 건강하게 살아갈 수 있습니다.

'뇌' 를 효율적으로 활용하는 방법

단순하게 살라.

쓸데없는 절차와 일 때문에

얼마나 복잡한 삶을 살아가는가?

– 이드리스 샤흐 –

희정이의 　추천도서

『쉬어도 피곤한 사람들』, 이시형, 비타북스, 2018.

뇌를 자극하라

요즘 뉴스, 신문, 유튜브를 볼 때마다 불안을 조장하는 기사 정보가 넘쳐납니다. 2025년 백두산 화산폭발 가능성이 화두가 되기도 하였습니다. 백두산 천지 주변의 융기 추이를 예상한 가상시나리오까지 방송되었습니다. 백두산 온천수 상승과 기체들의 변화 이야기까지 합니다. 이런 방송을 들으면 실로 불안하지 않을 수 없습니다. 이 외에 경제적인 측면에서도 부동산 하락, 금리 인상 등으로 머리가 복잡한 뉴스들뿐입니다. 이런 때일수록 우리는 정신을 바짝 차리고 살아야 합니다. 정신을 차리고 살지 않으면 어느 순간 내 삶이 무너지는지도 모르고 정신적, 육체적 고충을 호소하게 됩니다. 걱정들로 숙면하지 못하다 보면 신체적으로 약해지고 정신적으로도 스트레스 지수가 높아질 수밖에 없습니다.

'뇌'를 효율적으로 활용하는 방법

모든 변화에는 두려움이 따라옵니다. 그것이 긍정적 변화일 때조차도 말입니다. 그런데 부정적이라면 두려움은 배가 됩니다. 새해가 되면 우리는 새로운 마음으로 작년에 이루지 못한 일들을 다시 계획하기도 하고, 현재의 일을 조금 더 확장해서 계획하기도 합니다.

미국에서 실시한 한 조사에 따르면 새해 결심이 성공할 확률은 8퍼센트에 불과하다고 합니다. 새해 결심을 한 사람들 가운데 25퍼센트는 일주일 안에 포기했고, 30퍼센트는 2주일 안에 포기했으며, 한 달 안에 반수 가까이가 포기했다고 합니다. 작심삼일까지는 아니지만, 작심 30일 안에 절반 정도가 목표를 포기했고, 결국 연말에 가서 결심을 이룬 사람은 10명 중 한 명도 채 되지 않았다고 합니다. 응답자들이 자존심 때문에 성공했다고 답해, 조사 결과가 실제보다 부풀려졌을 가능성이 있으므로 실제 성공률은 이보다 훨씬 더 낮을 것이라고 합니다.

급진적이고 혁명적인 방법을 통해 목표에 도달하고자 하는 시도들은 두려움까지 고조되기 때문에 대개 실패하기 마련입니다. 그러나 '스몰 스텝(Small Step)' 전략은 두려움에 반응하려는 뇌의 긴장을 완화하고 이성적 사고와 창의력을 자극합니다. 두려움에 사로잡히는 순간 창의성과 성공은 가로막히고 변화는 멀어집니다. 변화에 대한 두려움은 인간의 뇌에 뿌리를 두고 있습니다. 여러분은 지난 1년, 2년 동안 계획한 일들을 얼마나 성취하였나요? 만족한 결과를 이루었나요?

거북이 걸음, 토끼 마음

UCLA 의과대학과 워싱턴 의과대학에 재직 중인 임상심리학자 로버트 마우어(Robert Maurer Ph.D.)는 '왜 결심은 이토록 짧게 지속되고 마는가? 그것은 자기 능력을 넘어서는 방식으로 시작했기 때문'이라고 합니다. 그는 저서 『아주 작은 반복의 힘』에서 결심을 지속하고 끝까지 해내는 방식으로 '스몰 스텝 전략'을 제시합니다. 너무나 쉬워서 도전이라는 생각조차 들지 않을 정도로, 너무나 간단해서 실패할 가능성이 전혀 없을 정도로 작게 시작하라는 것입니다. 큰일을 해내는 유일한 방법은 아주 작은 일을 반복 실행하는 것인데, 이렇게 하다 보면 성공에 이른다고 합니다. 누구나 자신의 삶을 지금보다는 좀 더 낫게 변화시키고 그 변화를 지속하기 원합니다.

뇌는 변화를 무척이나 싫어합니다. 뇌의 입장에서 환경이나 상황이 변하는 것은 생존이 위협받는다는 신호이기 때문이라고 합니다. 이런 까닭에 변화가 급격하고 과격할수록 뇌의 저항이 강렬하고 격해진다고 합니다. 그래서 우리는 변화를 위해 뇌를 속일 필요가 있습니다. 뇌가 변화라는 것을 인지하지 못할 정도로 변화 정도를 아주 가볍고 작게 하는 것이 좋다고 로버트 마우어는 말합니다. 뇌가 재미있는 것에 대해서는 맞서 싸워야 할 적이 아니라 함께 놀고 싶은 친한 친구처럼 반응하기 때문입니다.

중요한 것은 속도가 아닙니다. 속도에 치중하고 매달리게 되면 중심

'뇌'를 효율적으로 활용하는 방법

을 잃고 넘어지기 십상입니다. 결국 목표 달성은커녕 퇴보로 이어질 가능성이 큽니다. 자기 능력이나 자질, 체력을 잘 모른다면 너무 쉬워서 실패할 수 없을 정도로 작고 낮은 수준에서 시작해야 합니다. 그렇게 해야 변화에 흥미와 재미를 붙일 수 있고, 흥미와 재미는 진행 속도를 점차 높여줄 것이며, 궁극적으로는 목표 지점에 더 빠르게 도착하게 됩니다.

저도 부모 상담을 하다 보니 부족함을 느껴 상담 공부를 시작하다가 '세로토닌 지도자' 자격증을 취득하게 되었습니다. 최초의 뇌과학자이자 정신과 의사이신 이시형 박사님께 직접 상담을 배웠습니다. 이 과정에서 뇌에 대해 더 정확히 알 수 있었고, 나 자신을 이해하며 살아갈 수 있었습니다.

저는 워낙 불안함, 두려움, 초조함이 심하고, 안정을 추구하던 사람입니다. 그래서 내가 하는 일에서 벗어나는 일은 죽기보다 싫어했습니다. 남들이 저를 평가할 때는 전혀 그렇게 보지 않습니다. 하지만 저는 타인과의 '성공 비교'보다 자신과의 싸움에서 이겨야 했습니다. 그리고 내 자녀들의 모습에서 변화를 두려워하는 마음과 약한 의지력을 볼 때마다 마음이 아프고 답답하였습니다.

나의 부정적인 뇌와 싸울 수밖에 없었습니다. 부모는 자식의 거울이라 모든 습관을 닮을 수밖에 없습니다. 그래서 나 자신과 수없이 싸워 가며 뇌를 긍정적으로 변화시키고 좋은 습관을 만들기 위해 체력과 여건에 맞추어 매일 조금씩 실천하면서 살다 보니, 결과물들이 하나씩 하나씩 나오기 시작했고, 자존감과 자신감이 높아졌습니다. 결과물들로 큰돈을 번 것은 아닙니다. 하지만 자녀와 남편, 주변 사람들에게 좋은 영향력을 끼칠 수 있었습니다.

무엇보다 저조차 알지 못하던, 또 다른 나를 알게 되었고, 저에게 맞는 일을 할 수 있다는 기쁨과 행복을 누릴 수 있었습니다.

학부모 상담을 하다 보니, 공부 이야기와 부모와 관계에 대해서 많이 이야기하게 됩니다. 저는 무엇보다 아이들에게 자존감을 높여 주는 일에 힘을 씁니다. 뇌 공부를 조금 하고 나니 아이들에게 좀 더 여유롭게 공부의 필요성을 이야기해 줄 수 있고, 가끔 아이들의 미래에 관한 이야기도 해주며 격려하고, 용기를 북돋아 줍니다. 그러다 보니 매일 책이나 교육 채널 유튜브를 가까이하면서 변화하는 교육과 사회 현상을 놓치지 않고 공부하려고 하는 편입니다.

저의 시아버님께서는 일명 SKY대 출신도 떨어질 정도로 어려운, 사무관 시험에 합격하셨는데 늘, '항상 연구하라.'라고 말씀하십니다. 노력하며 깨달은 바가 많으셔서 저희를 볼 때마다 책을 권하고 이야기합니다. 『아주 작은 반복의 힘』(로버트 마우어)도 아버님께서 사주었습니다.

이시형 박사님은 강의 때 인생을 허무하게 살지 않으려면 '역동적으로 살아라.'라고 말씀하십니다. 박사님이 쓴 『공부하는 독종이 살아남는다.』에서 '당신의 미래는 무엇을 공부하느냐에 따라 달라진다. 문제를 발견하고 연구하고 해결하는 힘을 길러라.'라는 문구를 봤습니다. 우리 시아버님께서 늘 하시는 말이라 피식 웃음이 났습니다. 상담 공부와 개인 공부를 3년 가까이 하다 보니 지치기도 하고, '이제는 마음이 치료되었으니 그만하고 싶다.'라는 생각도 들면서 게으른 마음과 나태한 생각에 빠지기도 하였습니다. 그러나 공부를 하는 과정에서 가끔 강의 요청이 들어오니, 공부하는 것을 게을리하면 안 되겠다는 생각이 들었습니다. 그래서 공부를 하며 '어떻게 하면 뇌가 즐겁고 좋아할까?'라는 방법을 찾던 중 이시형 박사님이 쓴 책, 『공부하는 독종이 살아남는다.』에서 와닿은 부분이 있어 여러분께 알려 드리려고 합니다.

서두에 '아주 작은 반복의 힘'을 이야기한 것은 우리가 꾸준히 조금씩 뇌가 좋아하는 자극을 해주고 노력한다면, 원하는 모든 일을 이룰 수 있다고 말하고 싶었기 때문입니다. 뇌가 좋아하는 여섯 가지 자극을 알려 드리겠습니다.

첫째, 뇌는 새로운 변화를 좋아합니다. 인간에게는 새로운 것을 학습해 즐거움을 얻으려는 본성이 있습니다. 뇌는 똑같은 일상의 반복을 싫증 낸다고 합니다. 뇌는 언제나 새로운 것, 신기한 것, 호기심에 대한 갈망이 크다고 합니다. 아이들이 처음 하는 일에 무엇이든 호기심으로 반짝이듯이 말입니다. 그러나 불가사의는 새로운 변화를 좋아하면서도 한편으로는 이에 저항한다는 것입니다. 같은 것을 되풀이하려는 관성의 법칙이 작용하기 때문입니다. 매일 하던 방식과 일이 달라지면 가벼운 혼란과 스트레스가 됩니다. 오래되어 익숙한 습관, 안전한 상황, 장소 들을 뇌과학에서는 '안전기지'라고 합니다. 뇌는 이 안전기지가 흔들릴 정도로 변화가 오면 불안해집니다. 따라서 지나치게 파격적인 변화도 아니고 무료한 반복도 아닌, 적정선에서의 변화와 안정, 둘 사이의 균형이 필요합니다.

둘째, 뇌는 모험을 좋아합니다. 우리의 뇌는 안전과 반복을 원하면서도 감당할 수 있을 만큼의 불확실성을 좋아한다고 합니다.

뇌과학에서 첫 번째 펭귄 이야기가 자주 등장합니다. 펭귄은 물에 들어가야 먹이를 구할 수 있습니다. 하지만 바다표범 등 무서운 사냥꾼이 물속에서 기다리고 있습니다. 펭귄으로서는 주저할 수밖에 없지만 모두 주춤거리고 있을 때 한 마리가 뛰어들면 다른 펭귄도 따라 들어간다고 합니다.

우리도 미래가 불확실한 세계에 살고 있습니다. 어려운 상황에 놓여 있는데도 불구하고 머뭇거리며 결단을 못 내리고, 행동하지 못하는 자신을 비하하며 우울해합니다. 자신을 잘 파악해 본 뒤, 조금은 자신 있고 잘하는 일을 찾아야 합니다. 그 일에 성공할 수 있을지 불확실할지라도 이성적으로 잘 판단해 합리적인 결정을 하고 실행해 보기 바랍니다. 실수와 실패가 두려우면 우리는 아무것도 할 수가 없습니다. 자신감을 가지고 불확실할지라도 자신이 하고자 하는 일에 전문적인 지식을 쌓도록 노력해 보면 좋겠습니다. 실행만이 답인 것 같습니다. 먹이를 찾기 위해 바다

'뇌'를 효율적으로 활용하는 방법

로 뛰어든 첫 번째 펭귄의 행동을 잘 생각해 보기 바랍니다.

셋째, 뇌는 발전과 성장을 좋아합니다. 뇌는 우리가 무슨 일을 하는지 분명한 목표를 향해 나아가고 있다는 기분이 들 때 즐거워합니다. 인간의 뇌는 많은 경험을 통해 얻은 판단력으로 어떤 일의 결과를 예측하고 기대합니다. 일단 어떤 일에서 성공하면, 뇌는 그때 느낀 즐거움이나 감동을 잊지 않고 계속 재현하려 합니다.

오늘날 문명이 발달한 것도 뇌 속에 고차원적 기능이 갖추어져 있기 때문입니다. 우리의 뇌는 성공 장면을 상상해 보는 것을 좋아합니다. 이때 뇌의 모든 기능도 목표를 향해 움직입니다. 상상만으로도 즐겁기 때문입니다. 잠재의식까지 그 방향으로 움직입니다. 나도 모르는 사이에 내가 가진 잠재 능력까지 목표 방향으로 가는 데 동원됩니다. 따라서 중요한 것은 작은 것이라도 성공 경험을 쌓는 일입니다. 그렇게 해야 뇌가 그 감동을 알고 다음 목표를 향해 밀고 나가는 힘이 되어 줍니다. 더욱 큰 감동을 느끼기 위해서 말입니다.

넷째, 뇌는 시간제한을 좋아합니다. 학교에 다닐 때 시험 기간이 다가오면 시험 전날 벼락치기를 해본 경험이 있으실 겁니다. 뇌는 여유가 있으면 마음이 느슨해지고 정신 집중이 잘 안되어 미리 여유 있게 준비해 두는 것을 반기지 않습니다. 의식인 전두엽은 미리 공부해 두자고 다짐하지만, 잠재의식 변연계는 반발하고, 우리가 가벼운 긴박감을 가질 때 느슨

거북이 걸음, 토끼 마음

했던 신경 회로가 빨리 움직이기 시작합니다. 위급 상황에 직면할 때 온 몸이 빨리 대처하는 것처럼, 이때는 조용하던 신경회로가 대처 방안을 준비해야 합니다. 기존의 신경회로를 강화하거나 새로운 신경회로를 만듭니다.

시간 압박을 견디는 것이 처음 얼마간은 힘들 수 있지만, 잠재의식은 잘 참아 줍니다. 고비를 몇 번 넘기다 보면 차츰 시간 압박에 적응된다고 하니, 여러분이 하는 일이 고비에 놓여 있다면 잘 참아 보기 바랍니다.

다섯째, 뇌는 지적 쾌감을 좋아합니다. 여기서 말하는 지적 활동은 고차원적인 지성과 이성을 다스리는 정신 활동만을 말하는 것은 아닙니다. 지적 활동은 인간의 생명 중추와도 직결되어 있습니다. 낚시로 고기를 잡는 것, 수수께끼나 퍼즐을 풀 때, 모르는 것을 알게 되는 순간들이 모두 포함됩니다. 나이가 들어도 늙지 않는 비결은 주름 걱정 대신 뇌의 청춘을 유지하는 것입니다. 지적 쾌감, 이것이 바로 젊은 뇌를 유지하는 강력한 비결입니다. 지적 쾌락을 느낄 때, 뇌도 젊어지고 공부는 정녕 즐거운 것이 됩니다.

여섯째, 뇌는 플로(Flow)의 경지에 빠져드는 것을 좋아합니다. 우리가 시간 가는 줄도 모를 만큼 집중했던 일을 마쳤을 때, 참으로 묘한 쾌감을 맛봅니다. 심리학에선 이 순간에 느끼는 기분을 '플로(Flow)'라고 부릅니다. 플로는 원래 '흐름'이라는 뜻이지만 심리학에서는 '시간의 흐름도 잊을 만큼 몰입한다.'라는 의미로 쓰입니다. 뇌가 플로의 경지에 들기 위해서는 몇 가지 조건이 있습니다.

첫째, 그 시간에 하는 일이 건설적이어야 합니다.
둘째, 저 멀리 높은 목표에 한 걸음씩 다가서고 있는 일이어야 합니다.
셋째, 상당 시간 동안 몰입 상태로 있어야 합니다.
넷째, 완전한 몰입이어야 합니다.

이 중에서 '완전한 몰입'이 제일 중요합니다. 자신이 목표한 일에 초집중하여 목표를 이루게 되면, 성취감과 함께 기대감, 자신감을 느끼게 됩니다. 뇌가 좋아하는 여섯 가지를 잘 실행해 보고, 목표한 일들을 성취하는 데 도움이 되기를 바랍니다.

거북이 걸음, 토끼 마음

위대한 성과는 소소한 일들이 모여

조금씩 이루어진 것이다.

– 빈센트 반 고흐 –

········· 희정이의 　추천도서 ·········

『공부하는 독종이 살아남는다』, 이시형 박사(정신과 전문의), 중앙북스, 2009.

뇌의 욕구는 무한대,
당신의 가능성도 무한대

우리가 살면서 의욕이 항상 넘치고 기쁘고, 행복을 꾸준히 느끼면서 살면 얼마나 좋을까요? 그리고 나의 가능성을 스스로 체크하며 인공지능처럼 실수 없이 척척 인생을 살아 나갈 수 있다면 더할 나위 없이 행복할 겁니다.

우리가 일할 때 충분한 보상을 받지 못하면 일할 마음이 나지 않습니다. 직장인이 월급을 받지 못하고 일한다고 생각하면 의욕이 확 떨어질 것입니다. 우리의 뇌도 마찬가지로 충분한 보상을 받지 않으면 안 됩니다. 뇌에 의욕이 생기게 하려면 의식적으로 보상을 하면 됩니다. 뇌과학적으로 생각하면 '행복은 뇌 안에 있다.'라고 할 수 있습니다. 행복은 누군가에게 받는 것이 아니라, 뇌에서 '도파민'이라는 행복을 만드는 물질이 분비될 때 행복을 느낍니다. 도파민은 목표나 계획을 세울 때, 달성할 때 분비됩니다.

꾸준히 성장하는 사람들을 보면 '도파민 강화학습'이 잘되어 있습니다. 하나의 성공을 이루고 그것을 좀 더 큰 성공으로 성취해 큰 쾌감을 얻기 위해 열심히 연구하고 행동합니다. 그러다 보면 자연스럽게 많은 것을 배우게 되고 점점 발전하게 됩니다.

저도 부모 상담을 하다 보니, 다양한 가정의 사례를 다루기에는 스스로 부족함을 느끼게 되었고, 제가 받았던 상처도 치유하기 위해서 이것저것 배우다 보니 성취감도 있고 쾌감이 느껴져 학습량을 점점 더 늘려 갔던 것 같습니다. 도파민계를 담당하는 강화학습 구조는 인간이 동기 부여를 하고 더 높은 곳으로 성장, 진화하는 데 불가결한 뇌내 시스템입니다. 행복 물질도 팡팡 나오면서 목표 달성도 즐겁게 잘 된다면 얼마나 좋을까요? 누구나 바라고 소망하는 일일 것입니다.

일본의 정신과 의사이자 작가인 가바사와 시온이 행복 물질이 팡팡 나오는 목표 달성 7단계를 제시하였는데, 제가 지난 2년간 건강과 체력에 맞게 조금씩 노력했던 방법과 흡사해 알려 드리도록 하겠습니다.

1단계: 목표를 명확하게 세웁니다. 도파민은 스스로 분명한 목표를 설정하고 그것을 위해 노력하거나 연구하는 과정에서 나옵니다. 그리고 목표를 달성하면 그때 다시 한번 도파민이 나옵니다. 이렇게 명확한 목표를 세울 때 도파민이 분비되므로 목표를 세우는 습관을 들여야 합니다.

'뇌'를 효율적으로 활용하는 방법

그러나 목표가 너무 거창하거나 이루지 못할 정도로 큰 목표를 세우는 것은 좋지 않습니다. 원대한 꿈이나 '10년 후의 나의 모습'을 상상하는 것도 자기실현을 위해 중요하지만, 도파민 분비에는 별로 효과가 없습니다. 저는 체력이 난조였기 때문에 내가 할 수 있는 작은 일부터 공부하고, 그 한 가지를 끝까지 마무리해 결과를 얻어 냈습니다. 그리고 다음 단계의 공부를 시작하였습니다.

2단계: 목표를 이룬 자신을 구체적으로 상상합니다. 목표를 또렷하게 상상하면 이룰 가능성이 커진다고 합니다. 주변 환경이 우리가 세운 목표를 자주 흔들리게 하지만, 작은 목표를 하나 이루고 나면 끝이 보이지 않는 길에서 뭔가를 해냈다는 효능감으로 다음 도전을 하기가 쉽습니다. 그리고 과학적으로도 맞는 말입니다. 구체적으로 상상하면 도파민이 분비되고 동기 부여를 해서 성공 확률을 높이기 때문입니다.

3단계: 목표를 자주 확인해야 합니다. 우리가 목표를 세웠지만 자주 흔들리기도 하고, 어느 순간 막연한 생각에 지레 포기하기도 합니다. 목표 설정은 언제든 볼 수 있는 상태로 준비해 놓아야 합니다. 종이에 써서 책상 앞이나 잠을 자고 깼을 때 잘 보이는 곳에 붙여 놓는 등 자주 시각화하여야 합니다. 소리 내어 말하면 더 도움이 됩니다.

저는 이것을 서낭당처럼 지저분하게 벽면에 붙여 놓아서 남편이 비웃기도 한 적이 있습니다. 어느 날은 건조기가 고장이 나 AS를 받아야 했습니다. 건조기가 안방 베란다에 있어 안방을 지나가야 하는데, 벽면에 A4 용지로 적은 글씨들이 빽빽이 붙어 있어 창피한 적이 있습니다. 그러나 저 자신을 살리기 위해 꾸준히 벽면에 써붙여 놓고 자주 보면서 힘이 빠질 때마다 소리 내어 읽으며, 나의 뇌에 힘을 불어넣어 주고 다짐하곤 하였습니다. 도파민은 장시간 걸쳐 분비되지 않으므로 중간중간 보급해 줘야 합니다. 벽면에 쓴 목표들을 보며 이루었을 때를 상상하며 미소를 지으며 웃어 줍니다. 혼자 하하하 웃을 때도 있었습니다.

다른 사람들에게 목표를 공언하는 것도 좋습니다. 그러면 조금 더 긴장하고 책임감 있게 해낼 힘이 생깁니다. 목표를 반복적으로 확인하는 것이 매우 중요합니다. 그렇게 해야 목표한 것을 중도 포기하지 않게 됩니다. 장거리 여행을 가는데 자동차에 휘발유나 비행기에 연료를 채우는 것과 같습니다.

4단계: 즐겁게 실행해야 합니다. 저는 체력적 난조와 우울감을 해소하기 위해 빠른 음악을 들으며 자주 흥얼거리고 막춤을 추었습니다. 스스로 나이가 많다는 생각이 들기도 하고, '이 나이에 무슨 주접이야.'라는 생각도 들었습니다. 그리고 늘 무엇을 하든 자신이 없었고, 내가 그나마 잘하는 것에서 행동반경을 넓히는 것이 두려웠습니다. 그러나 좋은 결과를 낸 사람일수록 "즐거웠어요."라고 대답했다고 합니다, 의학적으로도 '즐기며' 실행할 때 도파민이 팍팍 나온다고 합니다. 그러면 동기 부여는 저절로 됩니다. 저도 우울감을 줄이고 체력을 회복하기 위해 춤추는 것을 선택했지만, 춤을 추면 기분도 좋아지고 감정 조절 능력도 생기며, 무엇인가를 하고자 하는 의욕이 생겼습니다.

5단계: 목표를 달성하면 자신에게 상을 줍니다. 뇌는 먼저 우승한 사실에 기쁨을 느낍니다. 목표한 것 중에 작은 것을 실행했더라도 가족에게 자랑하고, 목표 성공을 축하하고, 기쁨을 함께 나누면 강력한 동기 부여에 일조하게 됩니다. 혹여 축하할 사람이 없거나 함께 나눌 사람이 없다면 평소에 가지고 싶은 물건이나 맛있는 것을 먹는 것도 다음 목표를 이루는 데 큰 도움이 됩니다.

6단계: 작은 목표를 이룬 즉시, '더 높은 목표'를 새롭게 세웁니다. 저는 부족한 공부를 하던 중 강의 제의를 받게 되었습니다. SNS를 운영하다 보면, 외국인이 계정 팔로우 신청을 하거나, 여러 가지 제안을 받게 됩니다. 처음에는 이런 제안을 받았을 때, 한 번도 경험하지 못했던 것이었기 때문에 '사기를 당하면 어쩌나. 잘못되면 어쩌나.' 하는 생각에 겁이 났습니다.

성공한 사람들의 강의나 책을 보면, 자기 능력보다 약간 높은 목표를 잡으라는 것을 듣기도 했고 읽기도 하였습니다. 인간관계 문제로 한차례 깊은 갈등을 겪으면서 아픔도 겪어 보니, '인생 별거냐. 안 해본 것도 해보자.'라는 생각을 하고 들이대서 해보기로 마음먹었습니다. 마구 들이대기

거북이 걸음. 토끼 마음

는 하였는데, 떨리는 한편 잘해야겠다는 마음에 심적 부담이 커지니, 몸도 마음도 무거워졌습니다. 그러나 나이 먹고 처음으로 용기 내어 선택하고 결정한 일인 만큼 열심히 해보기로 생각하자 마음이 한결 편해졌습니다. 그리고 나를 믿고 강의를 제안해 주신 분을 위해 전심을 다하여 준비하였습니다.

도파민은 더 힘든 목표를 세웠을 때 분비되며 강력한 동기 부여를 합니다. 항상 더 힘든 목표를 지속해서 세우며 나아가는 것이 도파민 강화학습 사이클을 작동시키는 비결이자 인생의 성공 법칙입니다.

여러분이 나를 멋지게 만들어 보기로 작정하고 목표를 세웠다면, 나의 기준보다 목표가 조금 더 높더라도 지속해서 노력한다면 계속 발전해 나갈 것입니다.

7단계: 1~6단계를 반복합니다. 한번 성공하기가 어렵지, 내가 선택하고 결정한 일이 좋은 결과를 얻으면 큰 쾌감을 얻습니다. 이 과정을 쉬지 말고 반복하여야 도파민 강화학습 사이클을 순환시켜 성공이라는 계단을 올라갈 수 있습니다. 일에서도 성공하고 사생활도 충실하게 보낼 수 있습니다.

도파민이 효율적으로 분비되어야 자신이 성장할 수 있는 계단에 오를 수 있습니다. 목표를 위해 새로운 연구를 하고, 아이디어를 내고, 도전하면 우리 뇌는 점점 진화하여, 질과 양 모두에서 뛰어난 성과를 거둘 수 있습니다. 이것이 자아 성장과 자아실현의 과정입니다. '건강에는 저축이 없

'뇌'를 효율적으로 활용하는 방법

다.'라는 말이 있습니다. 성공 또한 한 번 이루었다고 만족하고 제자리에 머문다면 더는 발전이 없습니다. 인생을 허무하고 무의미하게 보내지 않으려면, 삶이 다하는 날까지 새로운 것을 추구하며 지속해서 나를 가꾸어 나가야 합니다.

성공의 비결은 단 한 가지,

잘할 수 있는 일에 광적으로 집중하는 것이다.

- 토머스 모너건 -

『당신의 뇌는 최적화를 원한다』, 가바사와 시온, 쌤앤파커스, 2018.

'뇌'를 효율적으로 활용하는 방법

◡

나만의 인생 드라마!
과거는 좋은 추억으로,
미래는 후회 없이 멋지게!

◡

누군가는 이 책을 읽고 어린 시절을 회상하며, 동심의 세계로 돌아가 행복한 추억을 떠올리면 좋겠습니다. 또 누군가는 미처 느끼지 못한 나의 감정을 알아차리고, 이해하고, 아픈 마음을 치료하며 보상해 주는 시간을 가졌으면 합니다.

인생 자체가 희로애락이지만, 기쁨보다는 아픔을 더 끌어안고 현재의 행복을 누리지 못하는 경우가 많습니다. 행복한 삶은 '지금 여기'입니다. 과거에 얽매여 나를 불행으로 이끌지 않았으면 좋겠습니다.

저 또한 이유도 모르고, 나를 비하하고 학대하며 살아왔습니다. 사랑받지 못한 내면 아이를 데리고 살며, 남편과 두 자녀에게 저의 부정적인 생각과 감정을 버무려 시시때때로 부정적인 영향을 주었습니다. 부모 밑에서 사랑받고 사랑하는 법을 배운 사람은 모든 일에 사랑을 사용하고 전하지만, 근심과 걱정을 보고 자라며 배운 사람은 근심과 걱정을 좋은 도구인 양 사용하고 나누어 씁니다. 여러분은 사랑의 도구를 사용하나요? 근심 걱정의 도구를 사용하나요? 선택은 항상 나의 결정에 따라 움직여집니다.

생각해 보면 인생은 참 아름답습니다. 볼 수 있고, 들을 수 있고, 냄새 맡을 수 있고, 먹을 수만 있으면, 이보다 더 행복하고 감사한 일은 없습니다. 평범하지만 평범한 것을 누리지 못하는 사람도 많습니다. 이 책의 마지막 페이지가 끝날 때쯤이면, '내 인생은 참 괜찮다. 잘살고 있다. 참 감사하다. 나의 남은 삶이 기대된다.'라는 긍정적인 생각으로 바뀌길 소망해 봅니다.

우리가 살면서 남과 비교하고, 남보다 월등한 삶을 살려고 욕심을 부리다 보니, 작은 것에 감사하지 못하고 행복을 느끼지 못하는 것 같습니다.

한 친구가 한 말이 떠오릅니다. "인생의 막다른 길목에 서보니, 평범한 일상이 얼마나 감사한지 알겠다. 그동안 조금 더 잘살아 보겠다고 앞만 보고 달리느라 옆도 못 보고 아등바등 산 것이 안타깝다. 좋은 사람

책을 마치며

만나고, 좋은 것을 나누며 하루하루에 감사하며 소소하게 보내는 것이야 말로 얼마나 행복한지, 이제야 깨달았다." 저도 그 친구의 말이 조금은 이 해되고, 공감합니다.

사실, 저도 죽음을 준비하며 살아가고 있습니다. 사망에 이르는 병은 아니었지만, 수술로 몸 상태가 좋지 못하고 우울한 시간을 지나고 나니, "삶이 별거냐, 내가 하고 싶었지만 못 해본 것 해보고, 좋은 것을 나누고, 하루하루에 감사하며 여유롭게 살아가야겠다."라는 것을 깨닫게 되었습니다. 또 "죽으면 죽으리다."라는 생각으로 살아가니, 남과 비교도 덜 하게 되고, 남보다 앞서가려던 욕심도 덜 부리게 됩니다. 그리고 나만의 속도에 맞춰 나의 건강과 여건에 따라 내가 할 수 있는 것만 하고, 실천하고 있습니다. 여러분도 남을 너무 의식하며 애쓰느라 나를 잃어버리는 일이 없도록, 편안하게 살아가면 좋겠습니다.

요즘 우리나라뿐 아니라, 전 세계가 경제문제와 자연재해로 어려움을 겪고 있습니다. 세상은 더 각박해져만 가고, 자녀를 양육하거나 가정을 꾸려 나가는 일조차 어려움이 많습니다. 하지만 나를 건강하게 대하고 나와의 관계가 좋게 회복된다면, '가정, 사회 모든 면에서 밝은 미래를 기대해 볼 수 있지 않을까?'라는 생각을 해봅니다. 무엇보다 우리 후손들에게도 좋은 유산을 물려주는 것이 중요한 것 같습니다.

거북이 걸음, 토끼 마음

이 책이 여러분께 '나'를 되돌아볼 수 있는 한 편의 영화가 되었으면 합니다. 저를 응원해 주고 격려해 주신 모든 분께 감사와 사랑을 전합니다.

인생을 두 번째로 살고 있는 것처럼 살아라.

그리고 지금 당신이 막 하려고 하는 행동이

첫 번째 인생에서 이미 그릇되게 했던 바로 그 행동이라고 생각하라.

인생은 내 앞에 놓인 과제를 수행해 나가기 위해 책임을 지는 것이다.

– 빅터 프랭클 –

책을 마치며

거북이 걸음, 토끼 마음

초판 1쇄 인쇄   2023년 05월 09일
초판 1쇄 발행   2023년 05월 16일
지은이   박희정

펴낸이   김양수
책임편집   이정은
교정교열   강민

펴낸곳   휴앤스토리
       출판등록 제2016-000014
       주소 경기도 고양시 일산서구 중앙로 1456 서현프라자 604호
       전화 031) 906-5006
       팩스 031) 906-5079
       홈페이지 www.booksam.kr
       이메일 okbook1234@naver.com
       블로그 blog.naver.com/okbook1234
       인스타그램 instagram.com/okbook_
       페이스북 facebook.com/booksam.kr
ISBN   979-11-89254-86-5 (03190)